옆 반 선생님의 온·오프라인

학급살이 엿보기

일 년 열두 달 수업·행사 편

일 년 열두 달 수업·행사 편

옆 반 선생님의

온·오프라인

학급 살이 엿보기

김선민 I 길준선 I 김경희 I 김민형 I 배찬효 I 송예림 I 안소정 I 이지선 I 이진희 I 황재환 지음

책장속
BOOKS

옆 반 선생님들을 소개합니다

김선민 (답내초등학교 교사)

좌충우돌 11년 차 교사. 작은 학교에서만 생활하며 아이들과 즐거운 활동이 무엇인지 우선으로 생각하는 행동파 교사입니다. 학생 중심 수업을 좋아하여 아이들 입에서 나온 원하는 활동은 꼭 하려고 노력하는 '오늘도 성장형' 선생님이기도 합니다. 경인교대와 춘천교대에서 교대생과 비주얼 씽킹, 놀이, 협동 학습으로 만나고 있으며 경기도 신규교사 연수, 교총 직무연수 등에 함께 나누는 마음으로 강사로 참여했습니다. 그 외 블렌디드 수업나눔 밴드와 블렌디드 수업 오픈채팅방을 통해 전국의 선생님들과 코로나를 극복하고 있습니다.

길준선 (화봉초등학교 교사)

행복이 자리한 교실을 꿈꾸며, 사랑과 존중을 바탕으로 아이들과 함께하기 위해 늘 노력하는 교사입니다. 전국 신규교사 및 1급 정교사 자격연수, 춘천교대 특강 강사로 활동하고 있으며 교육 전문 유튜브 채널 '신규쌤 상담소'와 사람과교육연구소 행복교실을 운영 중입니다. 사람과교육연구소 연수국장을 거쳐 현재 교실놀이 및 심성놀이 전문 강사 모임인 TEAM ONE의 멤버로도 활동 중입니다. 공동저서로 <블렌디드러닝 온라인 수업도구 싹쓰리>가 있습니다.

김경희 (가곡초등학교 교사)

출근하면 11년 차 교사, 퇴근하면 태남매맘으로 살고 있는 워킹맘입니다. 교실에서 안전, 스스로 공부하는 습관, 성공하는 경험을 강조하며 생활하고 있습니다. '선생님 덕분이에요.'라는 마음보다 학생 스스로 '나도 할 수 있다!'는 마음을 심어 주는 선생님이 되고 싶습니다. 그래픽조직자에 관심이 많아 비주얼 씽킹 활동을 적용하고 있습니다. 경인교대와 춘천교대에서 예비 선생님들께 비주얼 씽킹 수업을 나눔 하기도 하고, 슬기로운 교직생활 함께 걷자go, 커넥티처 교사 연구회 활동도 하고 있습니다.

김민형 (장자초등학교 교사)

존중과 협력의 교실을 꿈꾸는 교사입니다. 경기도 신규교사 연수, 2017~2021 슬기로운 교직생활 신규교사 연수에 강사로 참여했습니다. 학교상담 5학기 수료 중이며 회복적 생활교육, 학급긍정훈육, 상담과 치유에 관심이 많습니다. 저를 만나는 우리 반 학생들이 자존감과 소속감의 날개로 성장하길 바랍니다.

배찬효 (와부초등학교 교사)

아직도 많이 모자라고 어설픈 15년 차 교사. 학생들의 습관을 좋은 방향으로 변화시키는 것이 삶의 목표인 듯 살아가는 노력파 선생님입니다. 습관 영역뿐 아니라 평가정책, 전쟁사, 과학실험, 온라인 수업도구, 글쓰기 등 다양한 분야에 관심이 많습니다. 습관코칭연구소를 운영 중이며, '글쓰기'를 주제로 학생들과 유튜브에서 만나고 있습니다. 경기도교육청 1급 정교사 자격연수, 미래엔·쌤동네 교사 연수에 강사로 참여했으며, '찰리쌤 아침 메시지 오픈채팅방'을 통해 전국 선생님과 학부모님들에게 매일 아침 7시에 마음을 전하는 글을 보내고 있습니다.

송예림 (남양중학교 교사)

이제 막 첫발을 내디딘 2년 차 국어 교사. 새로운 일에 도전하는 것을 좋아하며 책임감과 존중을 바탕으로 아이들과 함께 성장하길 원하는 열정형 교사입니다. 그동안 받은 도움에 작게나마 보답하고자 경기도교육청 및 미래엔 연수, 예비교사 대상 피드백 및 합격자 특강을 진행했으며 교사연구회 커넥티처 연구위원, 이투스 연간검토단, 창비교육 교사서평단으로 활동하며 집필, 강의 등을 병행하고 있습니다. 훌륭하신 선배 선생님들을 통해 오늘도 교육자의 자질을 길러나가고 있습니다.

안소정 (서울잠신초등학교 교사) ····························

어느덧 7년 차 교사. 매일 아침 눈뜨며 '출근하기 싫다...', '노는 게 제일 좋아!'를 외치지만, 일개미처럼 종종거리며 열심히 살아가는 보통의 초등교사로 하루하루 성장해 나가고 있습니다. TESOL 자격을 이수했고, 담임 교사의 경험을 살려 2021 슬기로운 교직생활 겨울배움터에 연수 강사로 참여하여 신규 선생님들과 학급생활을 함께 나누었습니다. 훌륭하신 경력 선생님들에 비해 내세울 것이 많지는 않지만, 꺼지지 않은 열정으로 주변을 살피고 배우며 조금 더 나아질 나와 우리를 꿈꾸고 있습니다.

이지선 (동탄목동초등학교 교사) ····························

호기심 많은 7년 차 교사. 혁신학교에서 신규생활을 보내며 선생님들끼리 노하우를 함께 나누는 교실 나들이의 참맛을 알게 되었습니다. 새로운 것을 공유하고 도전하는 것을 좋아하여, 아이들이 잘 못하고 실패하더라도 자신감을 가질 수 있도록 응원해 주는 서포터형 선생님입니다. 아이들의 입장에서 친근하고 즐겁게 대화하는 것을 좋아합니다. 춘천교대에서 교대생과 만나는 블렌디드 수업 놀이에 강사로 참여한 적이 있으며, 더 좋은 선생님이 되기 위해 다양한 연수를 듣고 성장해 나가고 있습니다.

이진희 (양지초등학교 교사) ....

　아니 벌써! 11년 차 교사. 전자공학을 전공했던 공대생 시절부터 이런저런 사회 경험을 거친 후 교직에 발을 들였습니다. 피지컬 코딩, 디지털 도구 등에 관심이 많아 학생들과 여러 디지털 도구를 사용해 보며 공부하는 것을 좋아합니다. 구글 인증 교육자 과정을 밟아, 현재 구글 인증 트레이너로 GEG 남양주 리더 및 에듀테크미래교육(구리남양주)연구회 회장을 맡아 운영하고 있습니다. CYOA(Choose Your Own Adventure)를 삶에 적용하며 새로운 분야에 대한 앎 그리고 새로운 사람들과의 만남을 기대하며 살아가고 있습니다.

황재환 (초지중학교 교사) ....

　아직은 해 보고 싶은 것이 너무나 많은 5년 차 역사 교사입니다. 학급 경영과 수업에 있어서 누구보다 스페셜하다고 자부하는 동시에 학생들과 교감하면서 즐겁게 교직 생활을 하고 있습니다. 코로나로 인해 급하게 시작된 ZOOM 활용 수업에 힘들어하시는 선생님들을 위해 연수를 수차례 실시해 왔습니다. 전국 교사 블렌디드 수업나눔 밴드를 운영하고, 블렌디드 수업 및 학급 경영 오픈채팅방을 관리하면서 전국에 계신 선생님들과 소통하고 있습니다. 공동 저서로 <블렌디드러닝 온라인 수업도구 싹쓰리>가 있습니다.

추천사

초등교사로서 산다는 것은 수업만 하는 것을 의미하지 않습니다. 교실이라는 공간에서 온종일 아이들과 함께 삶을 살아가야 합니다. 그래서 수업을 잘하는 것과 함께 학급 살이를 잘 이끌어 가는 것은 교사에게 있어 매우 중요한 역량입니다. 수업을 위한 교과서와 지도서는 명확하게 있지만, 학급 살이는 오롯이 담임 교사의 몫입니다. 아이들, 선생님 그리고 처한 상황이 모두 다르기 때문이지요. 그래서 자신의 방식을 고민하며 실천하기도 하고, 다른 선생님들은 어떻게 하나 살피고 배워서 활용하기도 합니다.

19년 전 공부 모임을 시작해 지금까지도 함께 책을 읽고 실천하며, 이야기를 나누고 글을 쓰고 있습니다. 이는 교사로 성장하고, 보다 행복하게 살아가는 데 가장 큰 힘이 됐습니다. 이 책에 오랫동안 함께 공부해 온 선생님들의 학급 살이 이야기가 담겨 있습니다. 월별로 할 만한 수업과 행사로 나누어, 실천해 볼 수 있도록 수업 방법과 실제 사례를 담았습니다. 다른 선생님의 교실에 가 보지 않아도, 여러 선생님의 수업·행사 방법을 배울 수 있습니다.

이제는 '교실에서 아이들을 만나야 교육을 하지!'라는 말이 무색해졌습니다. 하지만 교실에서 아이들을 만나지 못해도 교육을 멈출 수는 없습니다. 코로나로 인해 힘들었던 지난 2년, 선생님들은 어려운 상황에서도 아이들과 재미있고 의미 있는 학급 살이를 교실과 온라인 교실에서 해냈습니다. 그리고 일 년 열두 달 학급 살이 34가지를 이렇게 멋지게 담아냈습니다. 이제는 아이들이 교실에 오지 못하는 상황이 되더라도 걱정하지 않아도 됩니다.

전문가는 좋은 철학을 바탕으로 그 철학을 현실에서 구현할 수 있는 역량을 가져야 합니다. 이 책은 선생님을 전문가로서 더욱 성장하도록 도와줄 것입니다.

사람과교육연구소장   정유진

'코로나 19'라는 초유의 재난을 겪으며 가장 뜨겁게 조명받은 직업이 있습니다. 여러분이 생각하는 그 직업. 국민 욕바가지라는 그 직업. 학원가 스타강사들과 정보사회화 시기의 화상 수업 폭발로 사라지진 않을까 따가운 눈초리를 받았던 그 직업. AI의 등장으로 말미암아 그들은 우수한 교육 알고리즘에 밀려나지 않을까 했던 그 직업. 맞습니다, 바로 '교사'입니다.

그러나 코로나19 사태를 겪으며 전 세계 사람들은 입 모아 말합니다.
"학교는 꼭 존재해야만 하는 곳입니다.", "아이들에겐 선생님이 필요합니다."

학교와 교사를 단순한 지식 매개체로 느낀다면 이런 말들이 나올 수 없을 겁니다. 코로나19 상황에서 아이들은 관계, 교육, 기회의 단절을 겪을 수밖에 없었습니다. 많은 사람들이 학교를 '지식을 배우는 곳'이라 말하지만, 사실 학교는 '만나는 곳'입니다. 그 '만남'이란 지식, 사람, 기회, 나 자신 등 모든 것과의 만남이 될 수 있습니다. 많은 이들이 그것을 인간 본성으로 느꼈기에 저런 이야기들이 나오지 않았을까요?

이 책을 읽다 보니 바로 그 '만남들'이 떠올랐습니다. 책 속에 소개된 34개의 사례에서, 선생님 스스로가 아이들과 만나려는 노력이, 혹은 때때로 아이들의 만남을 도우려는 노력이 엿보였습니다. 오프라인뿐만이 아니라 온라인 수업 시의 활용법도 상세히 적혀 있어 어떤 수업을 하건 펼쳐 놓고 영감을 받을 수 있을 것 같습니다.

대동향교초등학교 교사 / 전남 실천교사모임 대표　김현선

초등교사의 일상은 바쁩니다. 아이들과 지지고 볶다가 하교를 시키면 그제야 숨을 돌립니다. 힘들고 지쳐 퀭한 눈으로 의자에 털썩 앉는데, 옆 반 선생님이 저를 보고 "선생님! 오늘 하루 어땠어요? 교실 이야기가 궁금해요. 이야기해 주세요."라고 말합니다. 말하다 보니 힘이 납니다. 격려와 공감, 그리고 아이디어를 공유하니 재밌습니다. 그렇게 우리는 함께 성장하게 되었습니다. 그 행복을 잊지 못해 선배 교사의 일상 수업을 참관하며 이야기를 나누고, 신규 선생님들과 공부 모임을 하게 되었습니다. 역시 동료 선생님과의 교실 속 일상 나눔이 학교 생활의 비타민입니다.

바쁜 학교 현장에서는 함께 모여서 삶을 나눌 기회가 부족합니다. 심지어 코로나19로 더욱 어려워졌습니다. 그런데 옆 반 선생님의 온·오프라인 학급을 엿볼 좋은 기회가 생겼습니다. 지금 선생님께서 들고 계신 이 책에는 1년 동안 매달 진행되는 행사와 특색 있는 수업 아이디어가 가득 차 있습니다. 준비부터 활동 후기/팁까지 노하우가 꽉꽉 담겨 있습니다.

이 책이 선생님의 학급 살이 운영에 많은 도움을 주는 친절한 옆 반 선생님이 되었으면 좋겠습니다.

문기초등학교 교사 / <선생님 오늘 하루 어떠셨어요?> 저자   최창진 교직 이수를 할 때, 그리고 교생 실습을 나갔을 때 아무도 학급 운영에 대한 것을 알려 주지 않았습니다. 교사에게 있어 수업의 전문성도 중요했지만, 아이들과 관계를 맺을 수 있는 담임의 역량 강화가 필요했습니다.

이 책은 장애 이해 교육, 사진 촬영 전시회, 말 놀이, 글 놀이, 실천 달력 만들기 등 다양한 학급 담임으로서의 노하우와 팁들이 녹아 있는 실제적인 실천서입니다. 새롭게 복직하여 아이들에 대한 감을 잃으신 분, 신규교사로 발령받아 디지털네이티브의 아이들에게 충격을 받아 힘드신 선생님들에게 강력히 추천합니다.

KFERS한국미래교육연구원 연구위원 / GEG Suwon 리더   김재현

들어가는 글

이 책을 출판하기까지 5년이라는 시간이 걸렸습니다. 글을 모으고 다듬는 데의 5년이 아닌, 처음 이 책을 만들고자 했던 순간으로부터 5년입니다. 신규 교사를 넘어 저경력 교사의 태를 벗어난다고들 하는 6년 차 교사 시절, 좋은 동료들을 만나 수업과 아이들에 관해 마음껏 이야기하는 것이 참 행복했습니다. 그러던 어느 날, 매일 매일 수업으로 고민하던 신규교사 시절이 떠올랐습니다. 인디스쿨을 뒤지느라 11시, 12시까지 잠을 못 자며 수업을 준비하던 날들이었습니다. '옆 반 수업은 무엇일까?' 너무나 궁금했지만, 작은 문턱이 너무나 높아 보여 들어가기가 어려웠습니다. 그래서 '내가 어느 정도 선배 교사가 되면 꼭 신규 선생님, 저경력 선생님을 위한 내 수업 자료집을 모아야지.' 하고 결심했습니다. 이후 10명의 선생님이 함께 글을 모으게 되었습니다.

2020년, 초유의 코로나19 시국을 맞아 학교에는 큰 변화가 생겼습니다. 아이들이 몇 달씩 등교하지 못했고, 온라인 교실에서 아이들과 수업을 시작했습니다. 그리고 2021년, 코로나19가 끝날 것이라 생각했지만, 전면 등교를 못하거나 확진자 발생으로 문을 닫아야만 하는 학교들은 계속해서 온라인 수업을 이어가게 되었습니다. 그런데 온라인 수업을 하다 보니 아이들의 발달에도 문제가 생겼습니다. 바로 사회성입니다. 아이들은 서로 만나서 놀고, 함께 공부하며 사회성을 키워야 하는데 학교의 문은 굳게 닫혀 있었습니다.

학교 안의 선생님들 역시 자유롭진 못했습니다. 모여서 회의할 수도 없었고, 아이들에 대한 이야기도 한 공간에서 나누기 힘들었습니다. 그러다 보니 학교 안에서 함께 생활하는 구성원인데도 데면데면하기도 하고, 함께 수업에 관해 이야기를 나누고 집단 지성을 발휘하는 것이 그 전보다 어려워졌습니다. 그 결과 저경력, 신규교사 선생님들은 더욱더 많은 어려움을 겪었습니다. 시대의 흐름에 따라 비대면 방식으로 많은 연수들이 있었지만, 그 어느 때보다 학교 현장에 적응이 어렵다는 하소연을 듣기도 했습니다.

이러한 상황 속에서 이 책이 단 한 명의 선생님에게라도 도움이 된다면 참으로 기쁘겠다고 생각하며 여러 선생님과 함께 많은 자료를 모았습니다. 이 책은 엄청난, 그리고 깊숙한 이론을 담진 않았습니다. 또 매우 특별한 수업이나 행사를 담지도 않았습니다. 그저 평범한 교사, 평범한 옆 반 선생님의 수업을 더욱더 생생하게, 그리고 자세히 볼 수 있도록 담았습니다. 어느 날 수업 준비를 하다가 문득 '다른 선생님은 무엇을 할까?' 궁금할 때 가볍게 꺼내 볼 수 있기를 바랍니다.

다양한 연차의 선생님이 저자로 참여하여 여러 수업과 행사를 담았습니다. 몇몇은 중학교 선생님들이 하는 수업과 행사 중에 초등학교 고학년에 적용하며 활용할 수 있는 것에 무엇이 있을지 고민해서 담기도 했습니다. 또한, 시대의 특수성을 고려하여 에듀테크 수업 도구를 사용한 수업 구성 방법도 함께 꾸렸습니다.

코로나 시대에 함께 얼굴을 맞대고 수업과 학교의 많은 행사를 이야기할 순 없지만, 이 책을 읽는 시간만큼은 동 학년과 티타임을 가지며 즐기는 소소한 학급 이야기가 이어지기를 기대하며 글을 마무리합니다.

옆 반 선생님들을 대표하여,　김선민

목차

〈PART 1〉
3~4월

〈PART 2〉
5~6월

3~4월 | 수업

한 학기를 미리 보는
교과서 훑어보기 마인드맵

#교육과정재구성 #과목첫시간뭐하지 #마인드맵그리기 #visual_thinking #과목조망능력
● ● ● ● ●

　'과목 첫 수업을 어떻게 시작해야 할까?' 하고 고민될 때가 있습니다. 물론, 1단원 1차시를 가볍게 시작하거나, 책을 훑으며 찬찬히 구성을 살펴보는 것도 좋겠지요.

　전에 '외국 유수 대학의 공부벌레들이 어떤 식으로 공부하는가?'에 대한 이 야기를 들은 적이 있는데요. 그들은 책을 보면 가장 먼저 목차를 살핀 후 그것 을 바탕으로 뼈대를 만들고, 거기에 가지를 그리고 살을 붙이는 식으로 공부한다고 합니다. 그런 작업을 무한 반복하며 온전히 자기 것으로 만드는 것이죠.

그런 의미로, 수업을 시작할 때 가볍게 한 학기를 훑어볼 수 있는 '마인드맵 그리기'를 소개하려고 합니다. 1학기 내용을 조망할 수 있는 <과목 조망도>, 혹은 <나만의 목차 만들기>라고도 할 수 있겠죠? 거기에 Visual Thinking을 덧붙이면 마인드맵이 더욱 풍성해져 이해하기 쉽게 됩니다. 즉, '나만의 과목 지도'가 된 셈이죠. 아, 참고로 이건 선생님의 그림 실력과는 크게 상관없답니다. 요즘 초등학교 4~6학년 여학생들은 그림 그리기, 그중에서도 특히 캐릭터 그리기를 무척 좋아하는데요. 이렇게 캐릭터 그리기를 좋아하는 여학생들의 특성을 살려, 단순하게 그리는 것을 강조하는 Visual Thinking을 수업에 접목한다면! 학생들이 더욱 재미있고 즐겁게 과목을 시작할 수 있게 될 겁니다.

나만의 과목 지도를 만들어요

새 학기 새 마음으로 따끈따끈한 새 교과서를 받아 네임펜으로 이름을 씁니다. 나무를 공부하기 전, 숲을 전체적으로 조망하는 시간을 가져 보는 건 어떨까요? 과목에 대한 호기심 및 조망 능력을 키울 수 있는 활동을 소개합니다.

······································· 활동 설명 ·······································

과목을 시작하기 전, 1학기에 배울 교과를 목차로 훑어보고 정리하는 시간을 가지려 하는데요. '마인드맵', '비주얼 씽킹' 등의 방식을 활용하여 나만의 과목 지도를 만들어 보는 활동입니다.

1. 준비하기

새 교과서, 칠판, A4용지나 종합장, 연필, 지우개, 네임펜 등을 준비합니다.

온라인 상황에서는

선생님의 설명을 듣고 그린 후, '줌 화면으로 보여 주기'를 하거나 사진을 찍어 패들렛에 전송합니다. 혹은 마인드맵 프로그램 '마인드 마이스터'를 활용해 보세요.

2. 마인드맵 그리기

마인드맵을 그리는 방법을 안내합니다.

① 종이는 가로로 놓고 마음껏 돌려 가며 쓰세요.

② 마인드맵을 그릴 때, 어떤 것을 상징하는 간단한 그림이나 다양한 색을 사용하면 창의력 신장에 도움이 됩니다.

③ 화면 중앙에 주제어인 과목 이름을 씁니다.

④ 과목의 단원을 주요 가지로 만드세요.

⑤ 과목 혹은 단원과 관련된 예쁜 그림이나 무언가를 상징하는 그림을 그리세요. 이때, 교사가 같이 그리며 시범 보이기를 합니다.

선생님이 실물화상기로 교과서를 펼친 후 마인드맵 그리기 활동을 시범으로 보여 줍니다. 잘 그려야겠다는 강박 관념에서 벗어나는 것이 중요합니다. 한 번 연습한 후 그리면 더욱 자신감 있게 그릴 수 있어요.

'마인드 마이스터'는 홈페이지(www.mindmeister.com)에서 구글로 로그인 가능하며, 3장까지 무료로 작성 가능합니다. 'share' 버튼을 눌러 링크를 팀원에게 전해주면 실시간으로 공유 마인드맵을 작성할 수 있습니다.

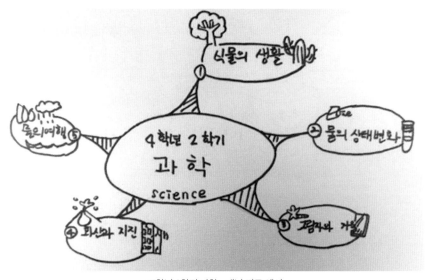

<4학년 2학기 과학> 개념 지도 예시

3. 비주얼 씽킹 활용하기

비주얼 씽킹(Visual Thinking)은 공부한 내용을 대표 이미지로 만들어 기억과 이해를 키우도록 하는 학습·사고 방법입니다. 공부 내용을 핵심어와 그림으로 보여 주는 것인데요. 여러 과목의 개념을 정리하는 기술이라고도 할 수 있죠.

교과서의 사진, 그림 중 중요한 이미지를 선택하여 간단히 그리도록 합니다. 예로, 5학년 1학기 과학 <액체에서의 열의 이동>의 개념을 비주얼 씽킹으로 그려 봤는데요. 단원의 핵심 내용을 이런 식으로 표현해도 좋겠죠?

<5학년 1학기 과학> 액체에서의 열의 이동 예시

4. 친구들과 과목 지도 공유하기

실물화상기를 통해 친구들과 마인드맵을 공유해도 좋습니다. 다른 친구들이 정리한 마인드맵을 보면서 또 다른 표현과 이미지를 공유하며 복습할 수 있어요.

🔲 온라인 상황에서는

원하는 친구들이 화면에 자신의 마인드맵을 띄우게 하고, 교사는 그 학생의 영상을 추천 화면으로 크게 보여 줍니다. 혹은 패들렛에서 마인드맵을 찍어 서로의 과제를 공유할 수도 있어요. 혹은 '마인드 마이스터'를 이용하여 모둠 활동으로 마인드맵을 만들어 볼 수 있습니다.

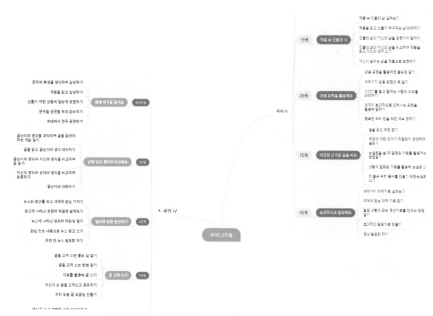

<6학년 2학기 국어> '마인드 마이스터'를 활용한 개념 지도 예시

마인드맵 그리기를 처음 하는 친구들은 어려움을 겪을 수 있어요. 이때는 가운데에 중심 개념을 원으로 잡고 세부 가지치기를 하면서 그리도록 합니다. 교사가 단순하게 마인드맵 틀만 잡고 가지를 그리면 돼요.

또한, 학생들이 마인드맵을 그릴 때 한쪽으로 치우치거나 너무 작게 혹은 너무 크게 그리는 경우가 있는데요. 전반적으로 잘하고 있다고 격려하면서 부족한 부분에 대해 조언을 해 줍니다. 마인드맵 그리기는 한 번에 잘 그리기 어렵거든요. 하지만 학교에서 꾸준히 연습하다 보면 오늘 배운 것이나 학습 단원의 중요 개념이 있는 부분을 마인드맵으로 잘 그릴 수 있습니다.

우리가 만드는 미술 교육과정

<5학년 미술 교과서(미술과 생활)> 차례

활동 설명

  미술은 재구성하기 좋은 과목입니다. 다른 과목들과 통합할 수 있기 때문이
죠. 또 미술의 핵심 성취 기준이 미적 체험, 활동(그리기, 만들기), 감상으로 구성
되어 있으므로 교과서 활동을 하지 않고 다른 활동으로 대체해도 성취 기준이
달성될 수 있습니다. 미술 교과서에 나와 있는 다양한 활동 내용을 선택할 수
있는 자율이 많은 편이에요.

  교사는 미술 교과서의 목차를 마인드맵으로 칠판에 제시하고, 학생들이 하
고 싶어 하는 활동을 골라 재구성하는 시간을 가집니다. 그에 따라 미술 수업
이 진행되도록 하는 것이죠.

1. 준비하기

미술 교과서를 준비합니다. 학생들은 교사가 칠판에 그리는 마인드맵과 미술책을 보면서 어떤 활동을 하고 싶은지 생각해 봅니다.

온라인 상황에서는

줌으로 마인드맵 그림 그리는 화면을 공유해 주세요. 빈 종이에 미술 교과서 마인드맵을 그리고 실물화상기나 카메라로 비추도록 합니다. 혹은 '마인드 마이스터'를 사용해 교사가 마인드맵을 그리고 화면을 공유할 수 있습니다.

2. 학생들의 활동 고르기

교육과정에서 한 학기 미술 수업 시간을 확인하고, 마인드맵에서 하고 싶은 활동을 고릅니다. 이때, 활동의 개수를 정하거나 다른 과목과 접목할 수 있는 것이 없는지 함께 이야기해도 좋아요. 예를 들어 수학과 선대칭 도형, 점대칭 도형 학습 시 테셀레이션 만들기를 하거나, 사회과 역사 수업과 만들기 수업을 함께 운영하여 수원화성 혹은 거중기 모형 만들기를 할 수 있습니다.

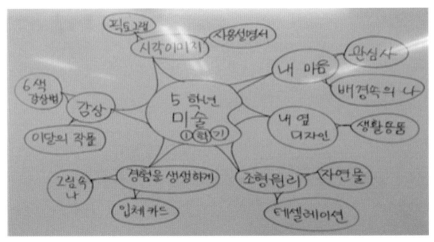

<5학년 미술 교과서> 마인드맵 그리기

온라인 상황에서는

학생들과 오프라인에서 수업하는 것처럼 좋아하는 미술 활동을 고르도록 합니다.
혹은 '마인드 마이스터'를 활용하여 마인드맵 그림을 공유한 후 하고 싶은 활동을
투표로 정할 수도 있습니다.

실제 활동 후기 / 팁

만약 하고 싶은 활동의 수가 주어진 시간보다 많다면, 다른 과목과의 통합
수업을 추천합니다. 전반적인 시선으로 전 과목을 조망하거나, 다양한 접근으
로 과목의 이해도 및 흥미를 높일 수 있거든요. 학생들의 필요와 욕구를 존중
하여 만든 '우리가 같이 만드는 수업'이므로 학생들은 더욱더 적극적으로 참
여하고 흥미를 느낄 겁니다.

함께 만드는 교육과정

#자발성 #동기화 #학생참여 #의미는덤
● ● ● ● ● ●

요즘 학교에 오는 많은 공문에 '학생들과 함께 만들어 가는 교육과정을 운영하라'는 말이 들어가 있더군요. 교육과정은 선생님이 1년간 학생들을 가르치기 위해 계획하며 보통 2월 또는 3월 초에 결재를 받는데요, 어떻게 '학생들과 함께' 교육과정을 만들어 갈 수 있는지 의문이 생기기도 합니다. 한다고 하더라도 무엇을 해야 할지도 고민되고요.

함께 만드는 교육과정! 이렇게 시작해요

코로나19로 인해 학교의 모든 행사가 정지됐던 2020년, 많은 선생님께서 아이들과 함께 할 수 있는 일이 없었다고 아쉬워하셨습니다. 할 수 있는 것과 할 수 없는 것을 구분하기 어려웠기 때문이죠. 여기서 여러 번 반복되는 말이 있지요? 바로 '하다'라는 말입니다.

아이들과 함께 활동을 계획할 때 가장 먼저 던지는 질문이 "무엇을 하고 싶니?"입니다. 그러면 아이들은 한참을 고민해요. 하고 싶은 것이 많아서, 또는 적어서, 또는 무엇을 할 수 있을지 몰라 대답을 주저하기도 합니다. 하지만 아이들의 입에서 말이 터져 나올 때까지 기다린다면 재미있는 활동들이 많이 나올 수 있어요. 앞서 아이들과 함께 교과서를 하늘에서 살펴보며 마인드맵으로 파악한 내용과 더불어 교과서를 넘나드는 주제통합형 프로젝트 수업, 아이들이 하고 싶었던 교과서 밖 활동을 넣는다면 선생님만의, 멋진 아이들과 함께 만든 교육과정을 완성하실 수 있습니다.

활동 설명

다양한 아이디어와 하고 싶은 교육 활동이 나왔다면, 이제는 골치 아픈 일이 남아 있습니다. 바로 학급 교육과정에 녹여내는 일인데요. 많은 교실에서 다양한 활동이 이루어지지만, 아쉽게도 그것을 교육과정에 녹여내는 일은 뜻대로 되지 않는 경우가 많이 있거든요. 시나리오에 나와 있는 순서에 따라 단계별로 아이들과 함께 이야기 나누고, 선생님의 전문성을 발휘하여 주제 중심의 '만들어 가는 교육과정'을 한번 작성해 보세요.

이 내용에는 아이들과 함께하는 수업 내용도 있지만, 아이들이 모두 하교한 후에 하셔야 하는 일도 있습니다.

1. 무엇을 넣지? : 교과 주제를 활용해 학생의 선호 활동 조사하기

아이들이 하고 싶어 하는 활동은 생각보다 학교 공부에서 많이 벗어나지 않습니다. 따라서 아이들과 함께하고자 하는 활동을 원할 때, 교과서에서 그 제재를 찾아보면 시간과 방법을 확보할 수 있는 경우가 많이 있어요. 예를 들어, 온작품 읽기 활동을 한다면 교과서에 있는 독서 단원과 문학 단원의 시간을 모두 사용하여 10시간 이상의 수업 시간을 확보할 수 있습니다. 또, 교과서에서 조금 벗어나 교과와 관련된 활동을 계획할 수도 있지요. 4학년 아이들과 수업할 때, '주민 참여'라는 주제를 바탕으로 실제로 아이들과 마을의 문제를 해결하기 위해 캠페인을 벌이고, 주민센터를 찾아가 면담을 하기도 했습니다.

2. 시간 확보는 어떻게? : 교과 및 창체 시간에 연계하기

3~6학년은 연간 102시간의 창의적 체험 활동을 운영할 수 있습니다. 물론 학교 특색, 다양한 행사, 안전 교육에 각종 범교과 활동을 넣는다면 내가 사용할 수 있는 창의적 체험 활동은 극히 일부라는 사실에 좌절하기도 하죠. 하지만 단 몇 시간이라도 아이들과의 활동으로 계획할 수 있다면, 선생님의 진도 압박을 벗어나게 해줄 수 있을 거예요. 또 범교과 및 안전 교육은 교과 시간에 5분 이상 수업 시 시간 인정이 되기도 하니, 필요하다고 판단하신 주제 외 각종 교육은 교과 시간을 활동하는 것도 창의적 체험 활동 시간을 확보하는 좋

은 방법입니다. 그리고 교과 간 연계도 좋은 방법이에요. 위에서 언급한 4학년 주민 참여 수업을 하기 위해 저는 국어 교과에 있는 '자신의 의견을 글로 쓰기'라는 수업을 함께 넣었습니다. 그리고 수학에 나오는 그래프 단원도 일부 도입하여 자료를 만드는 시간에 내용도 배우고, 실제로 사용하기도 했습니다.

3. 특색 있는 교육과정 한 스푼 넣기

등교 수업을 통해 다양한 특색 활동을 전개하는 선생님들을 많이 볼 수 있는데요. 우리에게 익숙한 '인디스쿨'이나 '동학년밴드'를 보면 많은 활동의 아이디어를 볼 수 있기도 하죠. 블렌디드 상황에서도 선생님의 특기를 살려 즐거운 활동을 교육과정에 녹여낼 수도 있답니다.

온라인 상황에서는

온라인 상황에서 할 수 있는 활동에는 무엇이 있을까요?

1. 우리 반 사연 라디오

아이들이 라디오 진행을 해 본다면 어떨까요? 화상 수업 플랫폼에서 소리 공유 기능을 활용한다면 훌륭한 음악방송국을 만들 수 있답니다.

2. 협업 툴로 책 만들기

국어 교과서에는 매년 글쓰기가 나옵니다. 또, 선생님마다 학급 문집을 만드는 활동을 많이 하기도 하죠. 그런데 대면 수업에서 이 일을 한다면 종이에 쓴 글을 다시 옮기는 일이 여간 불편한 일이 아닐 수 없습니다. 이때, 원격 수업에서는 구글독스, 패들렛을 활용하여 더욱 쉽게 책을 만들 수 있답니다.

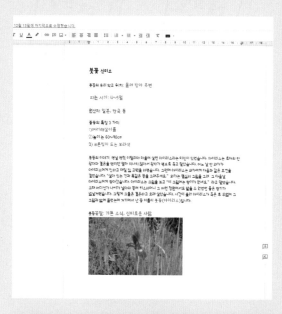

4. 전문성 발휘하기 : '만들어 가는 교육과정'의 취지 살려 문서로 만들기

아쉽게도 요즘엔 교육과정을 제본하는 학교들이 줄어들고 있다고 해요. 교육과정을 제본 또는 인쇄해 두면 좋은 점이 있는데 말이죠. 바로 '만들어 가는 교육과정'의 운영 취지를 살릴 수 있다는 것입니다.

보통 교육과정을 만드는 2, 3월에 머릿속에 여러 가지를 구상하는데요. 교육과정은 시행에 초점이 맞춰진 문서이기에 고쳐야 하는 것도 많고, 변경되는 것도 많습니다. 따라서 교육과정을 옆에 두고 수시로 변경해 나가며 만들어 가는 교육과정을 운영한다면, 아이들과 함께하는 활동을 교육과정과 동떨어진 것이 아닌, 교육과정에 녹아든 활동으로 운영할 수 있을 거예요.

실제 활동 후기 · 팁

Q. 말이 없는 아이들… 어떻게 하면 좋을까요?

말이 없는 아이들에게 대답을 끌어내기는 참 어렵습니다. 저는 이럴 때 아이들에게 두 가지 방법을 사용하는데요.

첫 번째는 제가 이전에 다른 학생들과 했던 다양한 활동을 소개하는 것입니다. PPT 등에 담아 놓으면 참 좋겠지만, 자료가 없다면 아이들에게 말로 전달해 주는 것도 좋습니다. 참고 자료일 뿐이기 때문이죠. 또 교과서를 펴 놓고 교과서를 참고 자료 삼아 이야기하는 것도 좋은 방법입니다.

두 번째로 사용하는 방법은 "하고 싶은 것은 뭐든지 말해도 돼!"라는 마법의 문장이에요. 아이들은 거부당하는 것에 어느샌가 익숙해져 있습니다. '틀리면 어떻게 하지?'라는 고민도 많이 합니다. 그런데 사실, 하고 싶은 것에는 틀린 답이 없습니다. 그래서 저는 아이들에게 "하고 싶은 것은 뭐든지 말해 봐! 방법은 선생님이 찾아볼게!"라고 대차게 이야기합니다. 그러면 말도 안 되는 것이 나오기도 하지만, 정말 기발한 아이디어도 많이 나오거든요. 그리고 생각보다 아이들이 원하는 활동이 교육과정에서 많이 벗어나지도 않아요.

Q. 아이들의 모든 의견, 무조건 받아 줘야 할까요?

'아이들이 원하는 활동을 모두 받아 줘야 할까?'라는 고민이 들 수 있는데요. 제 답은 '아니오'입니다. 뭐든지 말해 보라고 해 놓고는 안 받아 준다는 궤변이 어디에 있냐고 하실 수 있지만, 아이들의 말을 수용하는 것에는 한계가 있습니다. 예로 '기행문 쓰기를 위해 미국에 가자!'라는 주장을 들어줄 순 없으니까요. 따라서 아이들에게서 다양한 대답을 끌어내면서 할 수 없을 수도 있다는 여지를 줘야 합니다. "여러분의 의견은 잘 알았어요. 하지만 이 중에는 학교에서 할 수 없는 것이 있을 수도 있습니다. 선생님이 우리 학교에서 할 수 있는 것들과 할 수 없는 것들은 구분할 예정이에요. 혹시 선생님이 구분할 수 있도록 여러분도 의견을 줄 수 있을까요?"라고 아이들에게 물으면, 아이들 역시 상식선의 답을 줍니다. 아이들의 의견과 선생님의 실행 능력, 학교 제반 여건 등을 고려하여 할 수 없는 것은 지워 나가는 유연성도 필요해요.

성공 경험을 만드는 실천 달력

#다짐과목표 #교과연계가능 #계획적 #한눈에볼수있음
● ● ● ● ● ●

　새해가 되면 새 마음으로 새로운 목표를 설정하고 지키기 위한 다짐을 합니다. 다이어리에도 예쁘게 목표를 기록하고요. 선생님들께선 목표를 정하시면 꾸준하게 실천해서 달성해내는 편이신가요? 저는 열정에 비해 꾸준하게 목표를 달성해내는 것이 어렵다고 느낀 적이 많습니다. '다이어트는 내일부터!'와 같은 말이 익숙할 정도로, 목표를 정하는 것과 다르게 '실천하는 것'은 어른들에게도 학생들에게도 노력이 정말 많이 필요한 일이죠.

이 글에서는 성공 경험을 만드는 실천 달력을 소개하려고 합니다. 작은 목표에서부터 큰 목표를 달성해 나가는 경험을 할 수 있는 활동인데요. 일단, 달력을 이용하면 월별로 목표를 정해 실천 결과를 한눈에 볼 수 있다는 장점이 있습니다. 또한, 달력의 작은 칸에 간단히 기록하기에 글자를 많이 적지 않아 저학년에서 고학년까지 모두 활동 가능하답니다. 그뿐만 아니라 달력에 중요하거나 기억해야 할 일정을 기록하면서 시간을 관리하는 교육을 할 수도 있고요.

1년을 마무리하고 새 학년을 준비하면서, 또는 학기 중 도덕이나 사회 수업 시간에 실천이 필요한 수업에서 실천 달력을 활용하는 방법을 알아볼까요?

나의 목표를 정하고 실천 달력을 만들어요

저는 올해 3월부터 월별로 실천 달력을 진행하고 있습니다. 학생들이 작은 목표라도 달성하면서 학기 말 자신을 되돌아보는 시간에 '올해 정말 잘 살았다.'라는 뿌듯함을 느끼게 해 주고 싶었기 때문이죠. 이전에는 도덕 교과와 관련하여 바른 생활을 실천하는 단원에서 한두 달 정도 단기적으로 진행했는데요. 짧은 기간에도 학생들은 충분히 잘 성장하며 뿌듯함을 느낄 수 있었으니, 선생님들께서 원하시는 기간에 실천 달력을 만들어 진행하시면 될 것 같습니다.

이 활동은 개인 또는 모둠으로 진행할 수 있습니다. 개인으로 진행하는 경우에는 각자의 달력에, 모둠별로 진행하는 경우에는 4절지를 이용해서 달력을 만들어 교실 게시판에 게시하고 실천 결과를 기록합니다. 개인별로 진행하는 경우에는 개인의 성취감을 느낄 수 있고, 모둠별로 진행하는 경우에는 다른 친구를 응원하며 함께 성장하는 기분을 느낄 수 있어요. 수업의 목적에 맞게 개인별로 진행할지 모둠별로 진행할지 결정하시고 진행하시면 됩니다. 아래에 제시한 수업 시나리오는 개인별로 진행한 경우입니다.

수업 시나리오

1. 달력 준비하기

달력을 준비하는 데에는 학급 운영 물품 구입비로 달력을 구매하는 방법과 공책 및 종합장에 직접 만드는 방법이 있습니다. 달력을 A4용지에 인쇄해 주신다면 공책에 붙이도록 하고, 모둠별로 한다면 4절지에 직접 그리도록 합니다.

만년 달력이면 요일에 맞춰서 날짜를 함께 적는데요, 공책에는 가로 7줄, 세로 6줄(첫 행은 요일 적는 곳)을 그린 뒤 날짜를 적습니다. 선생님께서는 실물화상기로 예시를 보여 주면서 함께 준비해 주세요.

┌☐┐ 온라인 상황에서는

이 수업은 영상을 만들어 학생들에게 제공하는 것보다, 줌을 이용해서 같이 수업을 진행하는 것이 더 효과적입니다. 줌을 이용하여 함께 달력을 준비하고 수업을 진행해 주세요.

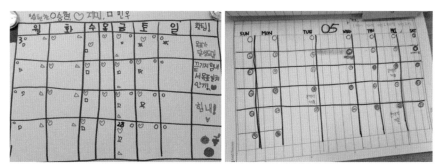

모둠끼리 진행 시 사용하는 4절지 달력 & 공책에 그린 달력

2. 공휴일 및 학교 일정 표시하기

주말을 제외하고 평일에 있는 공휴일이나 학교장 재량 휴업일이 있는 경우 먼저 빨간색으로 표시했습니다. 그리고 학교에서 온라인 학습과 오프라인 학습을 번갈아 진행하는 경우, 등교 날짜에 노란색 색연필을 이용해서 표시하도록 했고요.

학급에서 독서록을 검사하거나 일기를 검사하는 등 과제를 제출해야 하는 날이 있다면, 과제와 어울리는 기호를 그려서 표시합니다.

참고로 저희 학급에서는 독서록을 제출하는 매주 등교 마지막 날을 표시했는데요, 과제 외 알아 두어야 하는 행사나 수행평가 등이 있다면 그것도 적도록 안내했습니다.

이 외에도 기념일이나 중요한 행사 등 개인적인 일정을 적어도 됩니다. 대신 반복적인 일정은 적지 않도록 해요. 달력에 내용이 너무 많아지면 한눈에 보기 어려우니까요.

3. 목표 정하기

목표 정하기 단계에서는 학생들이 다음과 같이 세 가지 조건을 충족하는 목표를 설정하도록 합니다.

① 구체적인 목표를 설정합니다.

'공부 열심히 하기'와 같은 막연한 목표가 아니라 '매일 수학 공부 30분 하기'와 같이 횟수와 시간, 구체적인 행동으로 표현하도록 안내합니다.

② 실천 가능한 목표를 설정합니다.

활동의 목적은 학생들이 목표를 달성해 보는 성공 경험을 가지게 하는 거예요. '일주일에 책 10권 읽기', '영어 단어 매일 100개 외우기', '매일 5만 보 걷기' 등의 무리한 목표는 달성할 확률이 매우 적습니다.

③ 자신의 성장에 도움이 되는 목표를 설정합니다.

내가 달성할 수 있는 목표를 정하라고 하면 나의 성장과 무관한 목표를 장난스레 말하기도 하는데요. '숨 100번 쉬기', '한 달에 한 번 조퇴하기', '24시간 동안 게임하기' 등의 목표가 아니라, 자신의 성장과 발전에 도움이 되는 목표를 설정하라고 안내합니다.

 이렇게 세 가지 조건을 충족하는 목표를 정하면 달력의 상단에 적습니다. 목표 정하기 단계에서 선생님께서도 목표를 정하시고 함께 실천해 주시면 교육의 효과는 배가 됩니다!

이번 달의 목표 (학생 예시)

- 주 3회 윗몸일으키기 10번 하기
- 주말마다 줄넘기 1500개씩 하기
- 한 달에 3장 이상 수채화 그림 그리기
- 일주일에 인라인 연습 한 번이라도 하기
- 일주일에 책 2권 읽기
- 주 2회 영어 단어 30개 외우기
- 하루에 1시간 이상 수학 공부하기
- 등교 날에 7시 반까지 일어나기

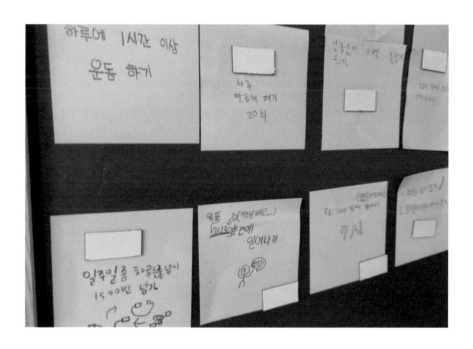

4. 실천 계획하기

달력 상단에 목표를 적고 나면, 실천 계획을 작성합니다. □, ☆, △ 등의 도형이나 자신의 목표와 어울리는 그림을 실천할 날짜에 그리고, 나중에 달성했을 경우 색칠하거나 동그라미를 쳐서 실천 결과를 기록하도록 안내합니다. 목표가 여러 개라 ㉠과 ㉡ 등으로 나누어 작성한 학생도 있었는데요. '5000보 이상 걷기', '줄넘기 200번 이상하기' 등의 목표에 횟수가 있는 경우 몇 회 했는지 정확하게 적어도 된다고 안내합니다. 실천을 계획하면서 생각했을 때보다 목표 달성이 어렵다고 느껴지면, 횟수나 시간을 줄여 난이도를 수정해도 괜찮다고 안내했어요.

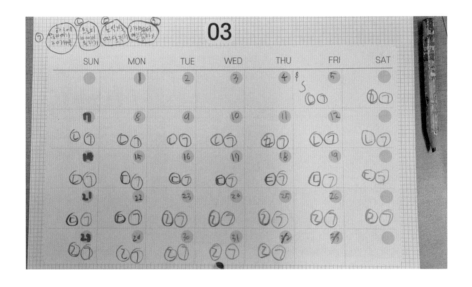

5. 목표 공언하기

목표를 공언하고 그것을 공개적으로 게시해 놓는 단계입니다. 친구들에게 목표를 공언하게 되면, 혼자서만 목표를 알고 있을 때보다 더욱 책임감을 느끼게 되거든요.

목표를 공언하고 게시하는 방법에는 여러 가지가 있는데요. 그중 한 가지 방법은 한 명씩 돌아가며 자신의 목표를 말하고, 선생님께서는 목표를 컴퓨터로 기록하여 온라인 학급 게시판에 글을 올리는 것입니다. 온라인에 올릴 때의 좋은 점은 '좋아요'나 '댓글' 등으로 학부모님께서 또는 친구들끼리 응원을 해 준다는 거예요.

이 외에 각 학급에 '○월의 목표'를 게시할 수 있는 공간을 마련할 수도 있습니다. 교실 게시판 한쪽을 이용하거나, 블랙 보드 혹은 우드락 등을 꾸며서 목표를 게시합니다. 온라인 게시글은 시간이 지나면 아래로 내려가서 찾아보지 않는 이상은 지속해서 보기가 힘들지만, 교실에 공간을 마련하면 학생들이 등교할 때마다 자신의 목표를 보기 때문에 실천하기 위해 더욱 노력하며 친구들의 목표도 살펴볼 수 있어요.

수신 대상 : 선생님, 학부모, 학생
4월 실천 목표

박   - 학원 늦지 않기(도착 시간 기록하기)
박   - 11시 전에 자고, 7시 전에 일어나기
백   - 9시 반 전에 자고, 7시에 일어나기
양   - 일주일에 인라인 연습 한 번이라도 하기
김   - 평일에 줄넘기 500개씩 하기
최   - 하루에 운동 1시간씩 하기
최   - 한 달에 3장 이상 수채화 그림 그리기
이   - 주말마다 줄넘기 500개씩 하기
이   - 팔굽혀펴기 하루 1번 하기
경   - 주말마다 줄넘기 1500개씩 하기
한   - 한 달 동안 6만 보 걷기
배   - 하루에 팔굽혀펴기 30회, 윗몸일으키기
       60회 하기
조   - 일주일에 팔굽혀펴기 7번 하기
김   - 학원 숙제 잘하기

목표 공언으로는 쌍방향 수업 방법과 과제형 제시 방법 두 가지가 있습니다. 쌍방향 수업일 땐, 줌에서 함께 활동하고 선생님이 기록하신 뒤 게시글로 공유합니다. 과제형일 땐, 온라인 학급에 '0월 목표' 게시글을 올리면 학생들이 공개된 글에 댓글로 목표를 직접 달도록 합니다.

6. 실천 결과 기록하기와 실천 반성하기

목표 공언하기가 끝나면 학생들이 달력을 집에 가져가서 스스로 실천 결과를 기록합니다. 한 달 후 새로운 목표를 설정하기 전에 잘 실천했는지 확인해 보는 시간을 갖고, 한 달 실천해 보며 어려웠던 점과 괜찮았던 점에 대해 공유합니다. 실천했던 과정을 되돌아보고 다음 목표를 설정할 때 반영합니다.

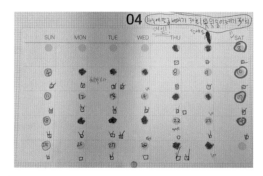

첫 3월에 실천 결과를 공유할 때, 성공한 학생이 2명밖에 되지 않았어요. 저 또한 일부만 달성했고, 완벽한 성공이 아니었죠. 하지만 목표를 달성하지 못해 걱정했던 학생들에게 "첫 달이라 선생님도 너무 어려웠어. 다음에 더 잘하면 되는 거야!"라고 말해 주니, 실패했던 학생들도 마음의 짐을 내려놓고 다음 계획을 세우기 시작했습니다. 4월, 5월, 6월… 성공하는 학생들이 점점 늘어났고, 3월에 하루에 팔굽혀 펴기 '5회'로 시작했던 학생은 현재 '30회'로 실천하고 있답니다.

실천 달력에서 중요한 것은 바로 '실패'입니다. 선생님들께서는 한 번에 성공하길 바라는 마음을 내려놓으셔야 해요! 실천 달력은 월별로 전체적인 일정을 관리하고, 자신에게 맞는 목표를 설정하며, 실천하고 노력하는 과정에서 학생들이 배워야 하는 활동입니다. 그러니 학생들이 노력하는 것처럼 보이지 않거나 목표가 너무 높더라도 한 달 정도는 자신이 계획한 대로 실천하도록 지켜봐 주세요. 스스로 정한 계획대로 실천해 보고, 친구들과 결과를 공유하면서 다음 목표에서는 자신에게 맞는 적절한 난이도를 찾아가는 경험을 하게 될 거예요.

반대로 걱정이 많아 오히려 본인의 수준보다 난이도를 쉽게 했던 학생들은 성공 경험을 통해 자신감을 느끼고 그다음 목표에서 스스로 더 높은 목표를 설정했습니다. 제가 따로 말하지 않아도 학생들은 스스로 깨우치고 성장했어요.

초등학교와 중학교, 고등학교, 그리고 성인이 되고 노인이 되어서도 우리는 목표를 향해 달려 나갑니다. 저는 학생들에게 "이 활동을 통해 자신의 능력을 인식하고 적절한 목표를 세우며 단계적으로 성장하는 어른이 되었으면 좋겠다."라고 자주 말해 줍니다. 학기 말에 학생들과 한 달 실천하는 것이 아쉽다면, 내년 새로운 학생들과 함께 성장하는 1년을 계획해 보는 건 어떠신가요?

돌려라 돌려! 사각 돌림판, 보석맵

#협력적문제해결 #모든학년에적용 #토론에사용해요 #모든교과

● ● ● ● ●

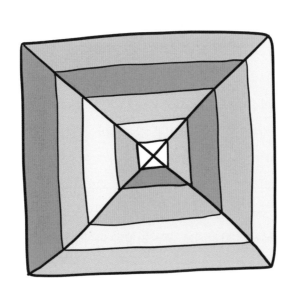

'보석맵'은 정보나 생각을 정리하는 씽킹맵 중 하나로, 4등분 된 종이의 한 면에 각자의 생각을 적은 후 종이를 회전해 가며 다른 모둠원의 답변을 더해 가는 활동입니다. 모든 모둠원이 함께 참여해야 하므로 개인의 책무성이 강조된 활동이라고 할 수 있어요. '보석맵'이라고 불리는 까닭은 학습지를 접은 모양이 사각형 계단 형태의 디딤판으로 만들어졌기 때문이죠.

토론 수업에서 보석맵을 활용해요

보석맵은 다음과 같은 특징을 가지고 있습니다.

1. 학습지를 돌려 가며 적는 것에 흥미를 느낄 수 있습니다.
2. 활동지를 돌리며 자신의 의견만 적는 것이 아니라, 앞사람이 적은 내용을 확인해야 하기 때문에 오류를 점검할 수 있습니다.
3. 모둠원이 협력적 글쓰기를 해야 하기 때문에 개인의 책무성도 강조됩니다.

그렇다면, 보석맵은 어떤 식으로 접어야 할까요?

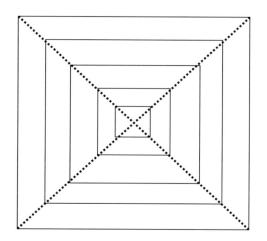

① 종이를 세로 방향과 가로 방향으로 중앙에 맞춰 2번 접습니다.

② 종이를 잡고 삼각형 모양으로 접습니다.

③ 접은 부분의 반을 눌러 접은 후 반복해서 접습니다.

토론 수업에서 보석맵은 아이들의 흥미를 유발할 수 있는 기막힌 활동입니다. 토론 주제에 대한 사전 활동이 끝나면 다음과 같이 보석맵을 활용하여 수업할 수 있어요.

① 구역의 중심에 각 모둠의 주제를 작성합니다.
② 모둠원은 각자 다른 색 펜으로 2번 구역에 자신의 의견을 적습니다.
③ 90도를 돌려 3번 구역에 앞 친구가 적은 의견에 보태기를 합니다.
④ 또다시 90도를 돌려 2, 3 의견에 대한 자신의 의견을 적습니다.
⑤ 마지막으로 90도 돌려 5구역에 각자 정리하고 발표합니다.

수업 시나리오

1. 토론 주제 안내하기

우선, 각 모둠원에게 토론할 주제를 안내합니다. 예로, 아이들에게 <홍길동전>을 읽게 한 뒤, '나쁜 사람의 돈은 빼앗아도 된다'라는 주제를 제시합니다. 주제를 제시했다면, 보석맵 가운데에 오늘의 토론 주제를 적게 합니다.

2. 나와 친구의 보석맵에 의견 적기

토론 주제를 숙지했다면, 보석맵에 의견을 적게 합니다. 보석맵의 2번째 칸에는 모둠 안에서 서로 다른 색 펜을 들고 주제에 대한 찬성 및 반대 의견을 적습니다. 이때, 왜 그렇게 생각하는지도 적게 합니다. 다 적었다면, 학습지를 90도 돌려 내 의견을 친구에게 설명하는 시간을 가집니다. 그리고 활동을 반복합니다.

3. 결과 공유하기

마지막 구역에서는 지금까지 나온 친구들의 의견을 모두 읽어 본 뒤, 자신의 최종 생각을 주장하는 글을 적습니다. 모두 적은 모둠은 앞으로 나와 의견을 칠판에 붙여 생각을 공유합니다.

💻 온라인 상황에서는

온라인 수업에서도 보석맵을 활용한 토론 수업이 충분히 가능합니다! 미리캔버스 또는 PPT에서 만든 배경 화면을 잼보드에 붙여 보세요. 이후 잼보드의 포스트 잇 기능을 활용하여 학생들이 내용을 작성하도록 하는 겁니다. 또한, 그 외 구글포토를 통해 사진을 활용할 수도 있습니다. 아래 사진은 선생님들과 함께 잼보드를 이용하여 '코로나가 끝나면 무엇을 하고 싶은가요?'라는 주제로 연수를 진행한 모습입니다.

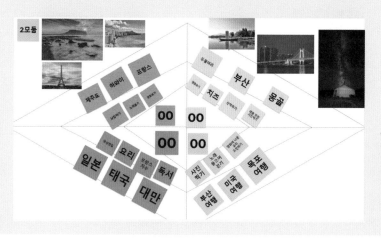

Q. 학생들의 편차는 어떻게 하나요?

　이 수업은 아이들이 모든 내용을 완벽하게 작성해야 하는 것을 목적으로 하지 않습니다. 학생들의 협동으로 오류를 수정할 수도 있고, 내가 다 적지 못한 부분은 친구들의 도움으로 채울 수도 있거든요. 학생들의 편차에 대해 너무 고민하지 말고, 학생의 성장에 초점을 맞춰 수업해 보세요.

Q. 핸드폰(혹은 패드)으로 접속하면 잼보드 한글이 깨져요.

　잼보드는 패드를 지원하지 않습니다. 하지만 주소의 마지막 부분을 viewer로 바꿔 주면 깨지지 않아 활용할 수 있어요.

⑦ 기본 주소

https://jamboard.google.com/d/1glO6F48Xa_V19-QKUG_825cUS_
TPX5nK8MZ5Ch64Idw/edit?usp=sharing

⑦ 변경 주소

https://jamboard.google.com/d/1glO6F48Xa_V19-QKUG_825cUS_
TPX5nK8MZ5Ch64Idw/viewer

Q. 교실에서 잼보드 접속, 어떻게 하면 좋을까요?

　저는 QR코드 생성기를 활용하여 학생들이 접속할 수 있는 주소를 화면에 제공합니다. 이 경우 학생들은 네이버 등 QR코드 리더를 지원하는 사이트, 앱을 실행하여 화면만 비춰 주면 되기 때문에 쉽게 접속할 수 있습니다.

실전! 동식물 키우기

#강낭콩 #배추흰나비 #사슴벌레 #과학 #봄 #실과
● ● ● ● ● ●

　동물이나 식물을 키우는 단원은 학년을 구분하지 않고 하나쯤 있습니다. 1, 4학년에는 식물을 키우는 내용이 나오는데요. 3학년 과학 시간에는 곤충의 한살이를 살펴보고, 5학년 실과에서는 사슴벌레와 같은 반려동물이나 작물을 키우기도 하지요. 그래서 해당 단원의 수업을 미리 준비하면서 한두 달 정도 동식물을 미리 키워 보는 경우도 있었답니다.

실전! 동식물 키우기

저의 경우, 5학년, 3학년, 4학년을 거쳐 자녀가 1학년에 다니게 되어 3년 동안 4개 학년을 경험했는데요. 사슴벌레와 감자, 배추흰나비, 강낭콩, 방울토마토를 키웠습니다. 여러 학년을 경험하면서 동식물 키우기의 마스터가 되어 가는 느낌이 들었지요. 어떠한 과정으로 동식물 키우기를 무사히 해낼 수 있었는지 살펴볼까요?

활동 설명

학년이 결정되고 나면 교과서를 살펴보게 됩니다. 1년 동안 어떤 내용을 배우게 될지 살펴보면서, 동식물을 키우는 단원을 언제 시작할지 대략적인 시기를 결정하고 배치하면 됩니다. 특히 수업을 시작하는 시기도 중요하지만, 예시로 보여 줄 식물이나 동물을 언제부터 키울지 결정해야 해요. 예를 들면, 배추흰나비는 알에서 나비가 되기까지 4~5주 정도의 시간이 필요합니다. 방울토마토는 씨부터 시작하는 경우 싹이 나는 데만 10일 정도 걸리고요. 작물은 지역의 위치도 꽤 중요하게 작용하는데요. 저는 남양주에 살고 있어서 씨가 싹이 트는데 실제보다 조금 오래 걸렸습니다. 사슴벌레는 5월쯤 사육을 시작했고, 감자는 3월 말에 심었으며, 방울토마토는 4월 중순에 씨를 뿌렸고, 강낭콩은 4월 말에 씨를 불렸지요. 배추흰나비는 그해 코로나19로 학기가 늦게 시작되어 5월 1일에 시작하게 됐고요. 동식물을 키우기 시작해서 수업에 가장 잘 적용할 수 있을 때 수업을 배치하는 것이 가장 좋겠습니다.

1. 동식물에 대해 사전 조사하기

동식물을 키우는 단원은 주로 주제 중심으로 재구성을 하게 되는데요. 해당 교과에서만 시간을 보내는 것이 아니라 다른 교과와도 연계하여 수업하게 됩니다. 예를 들면 국어 시간에 조사하거나, 관찰 일지 쓰는 방법을 배웁니다. 또 미술 시간에 관찰해서 그리기를 하기도 하고요. 실과 시간에 일지를 쓰는 때도 있죠. 그러나 특히 국어 시간을 할애하여 동식물을 조사하는 시간을 꼭 가졌으면 좋겠어요. 그렇게 되면 학생들이 주도적으로 동식물에 대해 공부하게 되기 때문입니다. 예를 들어, 강낭콩을 언제 심는지 조사를 하지 않으면 전혀 모를 수 있지만, 백과사전에서 파종과 수확에 대한 정보를 읽었다면 언제 싹이 나는지 선생님께 계속 질문하지는 않을 거예요. 심지어 백과사전을 꼼꼼히 살펴본 결과 강낭콩을 직사광선에 두면 안 좋다는 사실을 저에게 먼저 알려준 학생도 있었습니다. 육아를 잘하기 위해 육아 서적을 읽듯이 학생들에게 해당 동식물이 자라나는 과정을 먼저 조사하게 하여 돌발 상황에 대처할 수 있도록 하는 것입니다.

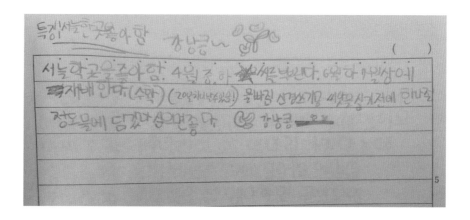

2. 동식물을 키우는 방법 연습하기

 화분을 학교 창가에 두고 키우면 부모님 숙제가 아닐 수 있지만, 해가 잘 들지 않는 교실이나 키우지 못하는 상황에 따라 집에서 키워야 하는 경우가 있습니다. 이때 집에서 어떻게 식물을 돌봐야 하는지 자세히 알려 주어야 합니다. 저는 화분을 심는 날 화분의 크기에 맞게 물 받침을 보면서 물을 조절하는 방법을 알려 주었습니다. 많은 학생이 물 받침을 살피지 않고 물을 너무 많이 줘서 물이 넘치는 상황이 발생하기도 했는데요. 교실에서 연습하고 난 뒤에는 물의 양을 조절할 줄 알게 됐습니다. 그리고 매일 단 한 번이라도 꼭 화분을 살펴봐야 한다고 안내했습니다. 화분에 물이 부족하지는 않은지, 해가 잘 들지 않는 곳은 아닌지, 싹이 나고 있는지, 싹이 나고 있다면 하루에 몇 cm 크고 있는지 관찰하라고 알려 주었습니다. 자세히 알려 주지 않으면 학생들은 무엇을 관찰해야 하는지 잘 모르는 경우가 있었어요.

 사슴벌레를 주말에 교실에 둘 수 없어서 학생들 가정에 보낸 경우도 있었는데요. 사슴벌레 먹이를 주는 방법이나 사슴벌레가 뒤집혔을 때 도움을 주는 방법 등을 교실에서 연습시키고 보냈습니다.

3. 관찰 일지 작성하기

 관찰 일지는 교과서에 나온 활동지를 활용하는 방법이 가장 쉬울 수 있습니다. 과학 시간이라면 실험 관찰을 사용하고, 실과 시간이면 실과책에 나온 부분을 활용할 수 있어요. 그러나 교과서의 내용은 분절된 느낌을 주기도 하고 관찰을 위한 일지가 되어서 이론적인 내용이나 형식적으로 쓰게 되기도 합니다. 부모님이 자녀의 육아 일지를 쓰듯이 나의 동식물의 육아 일지를 기록해 본다면 더욱 의미 있는 글쓰기가 가능할 것입니다. 따로 기록장을 마련하여 줄 수도 있고, 노트를 마련하여 매일 혹은 일정 기간 기록하게 할 수도 있는데요. 요즘에는 영상으로 기록하는 것이 워낙 친숙해서 브이로그를 제작할 수도 있을 것입니다.

온라인 상황에서는

패들렛으로 관찰 일지를 작성합니다. 셀프 양식을 활용하면 키우는 동식물이 자라가는 과정을 누적해서 기록할 수 있습니다. 특히 사진을 첨부할 수 있어 좋습니다. 그러나 문장으로 기록하는 연습도 필요해서 사진뿐 아니라 문장으로도 관찰한 내용을 기록할 수 있도록 지도하는 것이 좋습니다.

실제 활동 후기 / 팁

감자를 키웠을 때였습니다. 감자와의 이별은 바로 감자를 수확하는 날입니다. 감자를 차마 캘 수 없다고 우는 학생도 있었습니다. 코로나19 이전에 수업하여 감자를 캐서 실과 시간 요리 활동에 활용하여, 맛있게 먹고 모든 과정을 담아 글을 썼습니다.

　나비를 키우는 경우라면 나비를 날려 보내는 날이 이별하는 날입니다. 나비를 날려 보내기 너무나 아쉬워하는 경우도 많지만, 케일 화분이 들어 있는 사육장에는 더 이상 나비의 먹이가 없다는 점을 알려 주면서 학생들과 함께 나비를 날려 보내는 시간을 갖기도 했어요. 나비가 어떻게 살 것 같은지 예상해서 글을 쓰기도 했고요.

　사슴벌레와의 이별은 더욱 특별했습니다. 사실은 학년이 끝나고 사물함 바닥에서 없어진 사슴벌레를 찾을 수 있었어요. 그러나 그전까지는 사슴벌레가 어느 날 갑자기 없어졌다고만 알고 있었습니다. 사슴벌레는 날 수 있기에 갑작스러운 이별이 생길 수 있는데요. 이때에도 역시 느낀 점을 글로 남겨 봤습니다.

감자 캐는 날은 감자랑 이별하는 날입니다.

강낭콩에 꼬투리가 달렸습니다.

코로나 19에도 나비는 자유롭게(?)
생활합니다.

사슴벌레에 대해 열변을 토하며 강의하고 있는 학생입니다.

3~4월 | 행사

이제는 두렵지 않은 학부모 총회

#학부모총회 #학급설명회 #듣는활동 #공감과감동
● ● ● ● ● ●

학부모님들은 학교 설명회에 참석하는 순간부터 담임 선생님을 간절히 기다립니다. 교장선생님 말씀, 교감 선생님 말씀, 학사 일정 소개, 학부모회, 각종 의무 연수의 시간이 지나면 드디어 담임 선생님을 만날 수 있게 되지요. 학부모 상담 기간에 학부모 총회 때보다 많은 학부모님을 만나기도 하지만, 상담 때 담임 교사를 소개하지는 않습니다. 결국, 학급 설명회야말로 담임 선생님을 소개하고, 어떤 방식으로 학급을 운영하는지에 대해 이야기하는 시간일 거예요.

학부모 총회를 위한 교실 준비

학부모 총회를 준비하는 시간, 얼마나 걸릴까요? 담임 소개 자료는 3월 초에 학생들에게 보여 줬던 자료를 조금 편집하면 됩니다. 이때, 조금 더 준비하면 좋은 것들이 있는데요. 학부모 총회 때 학부모님들은 담임 선생님도 궁금해하시지만, 교실도 궁금해하시거든요. 다년간 관찰한 결과, 학생의 책상을 물으셔서 서랍의 상태를 살펴보거나 교과서를 넘겨 보시는 학부모님이 많으셨습니다. 벽에 부착된 학생들의 작품과 학생들의 이름을 유심히 살펴보시는 경우도 많았고요.

······· 활동 설명 ·······

학부모 총회를 위해 보이는 곳을 1순위로 정비하기, 환영의 편지 작성하기, 학부모님과의 대화를 위한 책상 배치하기, 학급 운영 유인물 준비하기 등을 합니다.

······· 활동 시나리오 ·······

1. 보이는 곳을 1순위로 정비하기

학기 초라 매우 바쁘겠지만, 진단주간 활동 때 학부모 총회를 염두에 두어 작품 활동을 하면 좋아요. 학생들의 작품에 이름이 잘 부착되어 있는지 확인하고, 3월은 기본 생활 습관을 익혀야 하는 시간이니 서랍이나 사물함도 잘 정리해 둡니다. 학생들의 생활 습관 훈련 겸 준비를 위해 조금만 공들이면 됩니다.

2. 환영의 편지 작성하기

힘들게 시간을 내어 먼 걸음 하신 학부모님들을 위해 학생들과 짧은 환영의 편지를 작성하는 방법이 있습니다. 칠판에 학급 설명회 시간 때 꼭 다뤄야 할 이야기나, 학부모님을 위한 환영 메시지를 적어 놓는 방법도 있고요. 오랜 시간 기다려 담임 선생님을 만났을 때 환영받는 느낌이라면 앞의 수고로운 시간들이 위로받는 느낌이 드실 겁니다.

3. 학부모님과의 대화를 위한 책상 배치하기

학부모 총회에 참석하지 못하는 분들은 위임장을 내시는데요. 그러면 학부모 총회 참석 인원을 어느 정도 가늠할 수 있게 됩니다. 이에 따라 책상 배치도 바뀌게 되겠죠? 학부모님과 이야기를 많이 나눌 계획이라면 'ㅁ'자나 원형으로 책상을 배치합니다. 다만, 해당 학부모님 학생의 책상을 옮겨 오는 수고로움을 감당해야 할지도 모르니, 시간이 충분할 때 추천드려요.

4. 학급 운영 유인물 준비하기

학급 설명회 시간에 많은 연수와 전달 사항으로 피로도가 높다면 유인물을 적극 활용해 보세요! 담임 설명 시간을 짧게 한 뒤, 유인물을 읽어 보시게 하고 질문을 받는 거예요.

유인물에 꼭 들어가면 좋을 내용은 다음과 같습니다. 학년 교육과정에 대한 이야기죠. 수업 재구성, 프로젝트, 체험 학습, 평가와 같은 것들입니다. 학년 공통 내용이기에 동 학년에서 미리 이야기를 나누면 좋아요.

다음으로 학급 운영에 관해 이야기할 텐데 교육관, 학급 규칙, 학급 특색 등을 들 수 있겠죠? 학생들과 함께 정한 학급 규칙이나 오해가 생길 만한 활동을 설명합니다. 예로, '교실 놀이 활동은 마냥 노는 시간이 아닙니다. 놀이를 통해 협동심을 배우고, 배운 내용을 놀이 형식으로 즐겁게 정리할 수도 있으니까요.'와 같은 내용을 들 수 있겠네요. 학부모님들께서는 위 내용을 모를 수도 있으니 설명하고 이해하는 시간을 가집니다.

또한, 준비물이 필요한 활동에 대해 이야기할 수도 있습니다. 예를 들어, 자기 주도 학습을 강조하고 있으니 개인 문제집을 꼭 준비해 달라, 혹은 배움 공책을 쓰는 연습을 1년 내내 하고 있으니 집에서 배움 공책을 주기적으로 검사해 보시라는 등의 이야기를 할 수 있어요. 담임 편지에 미처 담지 못했으나 그 의미가 꼭 전달되었으면 하는 점도 한두 가지만 짧게 이야기하면 좋겠습니다.

학부모 총회 실전

이제 열심히 준비한 대로 학급 설명회가 진행되는데요. 학부모님께서는 칠판을 보시고 환영받는 느낌을 받으시겠죠? 곧이어 책상에 놓여 있는 학생의 편지를 보고 자리에 앉으실 겁니다. 그리고 책상의 유인물을 읽으며 학급 운영에 대해 알아 갑니다. 시간이 남으면 책상 서랍 속의 교과서를 구경하실 수도 있어요.

1. 담임 소개 및 학급 안내하기

담임 선생님 소개는 유인물이나 소개 자료를 보여드리며 할 수 있는데요, 선생님께서 가장 잘 할 수 있는 방법으로 하시면 됩니다.

그리고 학부모님들께서 어려워하시는 내용 혹은 중요한 내용을 안내합니다. 바로 출결이나 상담에 관한 이야기예요. 요즘은 선생님 개인 번호를 안내하지 않는 추세라 아침에 급하게 담임 선생님께 연락하기 힘들어서 난감하게 생각하는 학부모님께서 많이 계시는데요. 이런 경우 학급 공간(학급 SNS)에 비밀글 등으로 안내하는 방법을 말씀드립니다. 체험 학습의 경우에도 신청서는 잘 내시는데 보고서는 잘 내시지 않는 경우가 있거든요. 병결했는데 결석계는 잘 모르시는 경우도 많고요. 이러한 것에 대한 설명은 꼭 짚어 드립니다.

온라인 상황에서는

1. 담임 소개 자료 영상으로 만들어서 링크 공유하기

학부모 총회에 오시지 못한 학부모님들을 위해 소개 내용을 영상으로 만들어 제공하는 방법이 있습니다. 유인물 자료도 온라인 학급 공간에 저장해 놓는다면, 세심한 배려에 감동하는 시간이 될 거예요.

시정표 및 4학년 요일별 끝나는 시간

• 40분 수업, 5분 쉬는시간

1교시	09:00 ~ 09:40	40'
쉬는시간	09:40 ~ 09:45	5'
2교시	09:45 ~ 10:25	40'
쉬는시간	10:25 ~ 10:30	5'
3교시	10:30 ~ 11:10	40'
쉬는시간	11:10 ~ 11:15	5'
4교시	11:15 ~ 11:55	40'
점심시간	11:55 ~ 12:35	40'
5교시	12:35 ~ 13:15	40'
쉬는시간	13:15 ~ 13:20	5'
6교시	13:20 ~ 14:00	40'

• 요일별 끝나는 시간

월	화	수	목	금
5교시	6교시	4교시	6교시	5교시
13:15	14:00	12:35	14:00	13:15

2. 학급 모습을 영상으로 짧게 안내하기

온라인 수업 모습이나 등교 수업의 모습을 짧은 영상으로 제작하면 또 한 번 세심한 배려에 감동하는 시간이 되겠죠?

운동장에서 플라잉 디스크 던지기 활동을 하는 모습

2. 집단 지성을 이용한 고민 나누기

간단하게 담임 선생님의 교육관을 소개했다면, 이제 학부모님들의 공통된 고민을 들어 보는 것은 어떨까요? 이런 고민들은 학생들을 위한 고민이기에 추후 생활 지도를 할 때 해결책이 될 수 있습니다. 예를 들어, 사춘기에 접어들어 부모님과 의사소통이 되지 않는 학생이 많다고 합시다. 의외로 이 답변은 담임 교사가 하지 않아도 경험이 있는 다른 어머니께서 해 주실지도 모르거든요. 이와 관련된 활동은 <교사 365> 책에서 소개하는 '비우고 채우고' 활동입니다.

이 활동은 아래와 같은 표가 필요합니다. 학부모님들께 학생들에게서 비우고 싶은 습관, 채우고 싶은 습관을 작성하시도록 합니다. 그리고 서로 발표합니다. 비우고 싶은 습관에서 많은 학부모님들이 서로 공감합니다. 아이를 키우면서 힘든 점을 이야기하면서 공감도 하고 위로도 받는 시간을 갖는 것이죠.

비울 것	채울 것
예시 : 스마트폰 많이 보기	예시 : 골고루 먹기

그동안의 학급 설명회가 담임 선생님의 정보를 일방적으로 내보내는 시간이었다면, 위의 활동을 통해서는 우리 반 학생들의 몰랐던 점을 알게 되는 시간이 될 거예요. 그와 동시에 앞으로의 학급 경영 방향을 정하는 데에도 많은 도움이 될 겁니다.

또 담임 선생님이 특정 문제에 대해 지도 방향을 함께 고민하는 시간으로 가져도 괜찮습니다. 제 경우, 5학년을 맡았을 때 여학생들의 화장에 대한 부모님들의 생각을 들어 보기도 했는데요. 이렇게 지도하는 방법에 대해 소통하면 오해가 많이 쌓이지 않는 것 같습니다.

이제는 온라인으로 학급 설명회를 해야 하는 경우가 많아졌죠. 학교에 와야 하는 부담 없이 약속된 시간에 화상 회의에 입장하면 되니, 조금은 편해진 부분이 생겼을지도 모르겠습니다. 참석하지 못하셨던 학부모님들께서는 담임 선생님이 제공하는 영상을 보는 방법도 있고요. 온라인 수업을 듣는 학생들의 입장도 되어 보며 학생들이 어떤 점을 불편해하는지 느끼실 수 있을 겁니다. 온라인 학급 설명회를 마치고, 그동안 온라인 수업을 열심히 들어 준 자녀들을 격려하며 오해를 푸는 경험도 있을 것이라 생각됩니다.

학부모 총회는 서로 낯선 사람들끼리 만나는 자리이기에 첫 분위기가 무겁고 딱딱한 편입니다. 그렇기에 얼어 있는 분위기를 살리는 특색 있는 자기소개가 필요하지요. 짧게 '○○ 엄마입니다.'라고 할 수도 있지만, 의외로 다양한 방법이 가능합니다. 작년 반을 넣어서 소개할 수도 있고요. 정호중 선생님은 아이의 장점을 1가지씩 넣어 소개하는 방법을 사용하시는데요. 예를 들면, '그림 그리기를 좋아하는 ○○ 엄마입니다.' '편식 없이 뭐든지 잘 먹는 ○○ 엄마입니다.'와 같은 소개입니다.

조금의 노력을 더하고 함께하는 분위를 곁들인다면, 학부모 총회가 부담스러운 날이 아닌 함께 고민하는 날이 될 수 있습니다. 학생을 생각한다는 의미에서 학부모와 선생님은 같은 목적을 가지고 있다고 생각해요. 함께 고민하고 이야기 나누며, 공감하고 위로받고 격려받는 시간이 된다면 좋겠습니다.

참고 자료

· 강대일 외 6명(2020). 교사 365(내 마음이 편안해지는 초등교사 업무노트), 에듀니티.
· 정호중 선생님 네이버 블로그 <멍멍샘의 교실>, 2021 학부모 공개 수업&학부모 총회 후기, https://blog.naver.com/haohao777/222278710652.

그림책, 수어 활동으로 장애 이해 교육하기

#계기교육 #범교과교육 #장애이해교육 #그림책교육 #수어표현하기
● ● ● ● ● ●

4월 20일은 법정 기념일인 '장애인의 날'입니다. 학교에서는 범교과 교육 또는 계기 교육 시간을 마련하여 학생들과 장애 이해 교육을 계획하는데요. 이때, '장애 이해 교육 내용으로 어떤 활동을 준비하면 좋을까?' 고민에 빠지곤 합니다. 학생들과 1년간 그림책 읽기를 꾸준히 해 나갈 계획이신 선생님 또는 계기 교육에 알맞은 교육 자료를 고민하고 계신 선생님! 이렇게 운영해 보면 어떨까요?

'그림책&수어 활동'으로 장애 이해 교육을 운영해요

장애 이해 교육을 위한 그림책을 선정하는 과정에서 선생님들은 무수한 고민에 휩싸이죠. 잘 알고 있던 그림책 말고 새로운 그림책은 없는지, 학생의 눈높이에 맞는 그림책은 없는지 등의 문제로요. 그림책만 읽고 장애 이해 교육을 끝내기엔 아쉬운 선생님들께 이 활동을 추천합니다.

활동 설명

그림책, 그리고 수어 활동을 통해 블렌디드 장애 이해 교육을 운영해 봅니다. 선정한 그림책을 함께 읽으며 주인공의 상황에 공감하는 '그림책 장애 이해 교육', 그리고 수어를 익히고 그를 활용해 자기소개하는 '수어 활동 장애 이해 교육'을 소개합니다.

활동 시나리오

1. 그림책 함께 읽기

제가 선정한 그림책은 <로라: 소리를 잘 듣지 못하는 친구 이야기(키즈엠, 2017)>입니다. 이 책은 청각 장애에 관한 이야기를 담은 그림책으로, 주인공 로라와의 의사소통을 위해 우리가 어떻게 행동해야 하는지를 알 수 있게 해 주는 책입니다. 이 책에서는 의사소통이 원활히 되지 못할 때 로라가 겪는 심리 상태를 엿볼 수 있는데요. 청각 장애인이 보청기를 사용할 때 어떻게 소리를 듣게 되는지, 그리고 어떻게 소리를 조절하는지도 알 수 있게 되어 있답니다.

일단, 내용 파악을 위한 간단한 질문을 주고받는 정도로 책을 읽습니다.

온라인 상황에서는

온라인 실시간 수업에서는 화면 공유를 활용하여 선생님과 함께 그림책을 읽습니다. 줌을 사용한다면 [화면공유 - 고급 - 두 번째 카메라의 콘텐츠] 기능을 통해 실물화상기의 화면을 학생과 공유할 수 있습니다.

2. 그림책의 특정 장면을 통해 주인공의 상황 공감하기

책을 읽고 난 후, 책의 특정 장면을 선정하여 주인공의 상황을 공감할 수 있는 질문을 던지고 친구들과 이야기를 나누도록 합니다. 제가 선정한 장면은 두 가지예요. 첫 번째는 '소리가 잘 들리지 않는 청각 장애인 친구에게 우리가 어떤 태도로 의사소통을 해야 하는가'입니다. 책 속의 인물들이 '짜증', '놀림'으로 주인공을 대하는 장면이 있는데요. 이 장면을 통해 로라의 심정을 읽고 우리가 어떻게 대해야 하는지를 이야기 나누도록 합니다.

두 번째는 주인공이 소리를 잘 듣지 못하는 자신에게 친구들이 왜 겁을 내는지 의문을 가지는 장면으로, 청각 장애인과 의사소통하기 위한 방법에 대해 이해하는 시간을 가져 보는 거예요. 방법적인 면에서는 쉽게 해답을 찾을 수 있겠지만, 더 나아가 주인공 로라가 말하는 '겁을 낸다'라는 표현이 어떤 의미인지 생각해 보도록 합니다. 그리고 친구들이 왜 로라를 보고 대화 나누는 것을 '겁낸다'라고 표현했는지 생각하고, 발표하는 시간을 가집니다.

온라인 상황에서는

소회의실 기능을 사용하는 것을 추천합니다. 우선 선정된 책의 일부 장면을 함께 공유하여 시청하고, 의견을 발표할 시간을 제공합니다. 그 후 소회의실로 돌아가서 친구들과 의견을 나눠요. 소회의실에서 돌아온 후에는 친구의 의견 중 기억나는 의견을 발표합니다. 듣기의 효과뿐만 아니라 친구가 내 의견을 듣고 귀담아 들었다는 심리적 보상을 얻을 수 있어요.

3. 수어 익히기

손으로 표현하는 언어로 서로의 생각을 공유하고 의사소통을 할 수 있다는 의미에서 '수어'를 익혀보는 시간을 가집니다. 장애인과의 첫 만남에 사용할 수 있는 '안녕하세요, 만나서 반갑습니다. 제 이름은 ○○○입니다.'를 수어로 표현하는 미션을 수행합니다.

① 수어로 표현하는 자음과 모음을 익힙니다.

이때, 수어 자료 유인물과 함께 동영상 시청을 통해 구체적인 동작을 익힙니다. 자신의 이름 조합을 유인물에 미리 표시하고 주의 깊게 시청하도록 해요.

② 자신의 이름을 막힘 없이 수어로 표현하도록 연습합니다.

손가락 동작이 익숙하지 않아 어렵게 다가올 수 있으므로, 유인물에 제공된 수어 표현을 보고 표현합니다.

③ 자신의 이름을 뺀 '안녕하세요. 만나서 반갑습니다. 제 이름은 ~입니다.'를 교사와 함께 익힙니다.

이 부분은 자음과 모음이 만나 조합이 되는 수어가 아니기에 이름을 표현하는 것보다는 쉽게 익힐 수 있어요. 수어로 자기 소개하는 루틴을 다루는 동영상 자료가 많이 있어 영상을 시청하며 익힐 수도 있습니다.

수어 익히기

화면 공유를 통해 활동지를 공유하고 교사와 함께 자음과 모음을 차례로 익힙니다. 특히 자신의 이름에 해당하는 자음과 모음에서는 더욱 주의 깊게 시청하고 익히도록 해요. 자모음 조합을 어느 정도 익힐 수 있는 시간을 주고, 소회의실로 이동하여 서로 자기 이름을 수어로 표현해 봅니다. 이후 '안녕하세요. 만나서 반갑습니다. 제 이름은 ~입니다.' 표현을 함께 연습합니다.

4. 자기 이름 소개 수어 동영상 제출하기

지금까지 익힌 수어 표현을 동영상으로 제출하는 미션을 제공합니다. 참고로 동영상 제출 미션은 방과 후 가정에서 실시하게 할 수 있어요. 이때 활용 가능한 앱에는 패들렛과 플립그리드가 있는데요. 패들렛의 경우 교사와 학생이 모두 쉽게 사용 가능합니다. 학생은 게시물 작성 시 삼점 버튼을 클릭하고 [필름] 기능을 활용하여 동영상을 촬영할 수 있습니다. 플립그리드를 활용할 계획이라면 사전에 그룹과 토픽을 설정하고 학생을 초대할 수 있는 초대 코드를 개설해 둡니다.

학교별로 사용하는 온라인 수업 플랫폼에 패들렛 또는 플립그리드 링크를 업로드합니다. 학생들은 충분히 연습한 결과물을 동영상으로 녹화하여 제출합니다.

Discussion › 4·1 창체 › 수어로 인사말 표현하기

Apr 20, 2021

수어로 인사말 표현하기

17 responses · 90 views · 4 comments · 1.0 hours of engagement

장애인의 날을 맞아

수어로 자기를 표현하는 방법을 익혀서 촬영해봅시다.

'안녕하세요. 만나서 반갑습니다. 제 이름은 ~~~ 입니다.'를 수어로 표현해봅시다.

Tip: 한글 자음과 모음을 수어로 어떻게 표현하고 내 이름은 어떻게 수어를 사용하면 될 지 연습해보세요.

hey.

Actions ⌄	Name	Date	Comments	Feedback				
📌	09 이 1 view	Apr 22, 2021	-	-	Active ⌄	Share	Actions ⌄	⊹
📌	04 김 2 views	Apr 21, 2021	1 Comment	9/10	Active ⌄	Share	Actions ⌄	⊹
📌	25 박 5 views	Apr 21, 2021	-	9/10	Active ⌄	Share	Actions ⌄	⊹
📌	02 공 4 views	Apr 21, 2021	-	10/10	Active ⌄	Share	Actions ⌄	⊹
📌	22 김 5 views	Apr 21, 2021	1 Comment	9/10	Active ⌄	Share	Actions ⌄	⊹

학생들의 동영상 발표물 업로드 결과

　학생들은 수어를 처음 접하는 경우가 많습니다. 그래서 실제로 수어를 표현할 때 손가락, 손등 방향이 반대로 되어 있거나 왼손과 오른손이 바뀌어 있는 등 잘못된 표현을 할 때가 많은데요. '안녕하세요. 만나서 반갑습니다.'와 같은 표현은 쉽게 따라 할 수 있지만, 자기 이름의 자음과 모음 표현에서 특히나 많은 오류가 발생합니다. 충분히 자기 이름의 표현법을 익힐 수 있는 시간을 마련하고 연습한 뒤 자기소개를 하도록 해야 해요.

　수어 표현 이후 수어에 대한 관심이 생겼다면, 어렵지 않은 동요 가사를 수어로 표현한 동영상을 보면서 익히는 것도 장애를 이해하는 데 도움이 될 수 있습니다. 참고로 미래엔 출판사의 4학년 음악 교과서에는 '파란 마음 하얀 마음'이란 곡을 통해 수어로 표현하는 학습 활동이 있답니다. 그 외 유튜브에서도 다양한 자료를 찾을 수 있으며 쉽게 익힐 수 있는 내용입니다.

도구명	사용 목적	제시 방법	학생용 플립그리드 사용법
Flipgrid	수어를 익혀 장애인과의 첫 만남에서 자기 이름을 소개하는 영상을 촬영하고 업로드하기	URL로 제시 교사의 샘플 영상을 제시하고 시청할 수 있도록 함	

참고 YouTube 채널

주넌쌤의 수어 놀이터 한글 지화 익히기 – 수화 배우기	성래와복음 수어(수화) 배우기 기초 2편

 장애 이해 교육 관련 그림책

· 로라 : 소리를 잘 듣지 못하는 친구 이야기(2017), 엘피 네이선 글, 엘리네 판 린덴 하위젠 그림, 키즈엠.
· 딱따구리 아이(2018), 류칭엔 글, 황하이디 그림, 씨드북.

협력하는 독서 토론

#토론도놀이처럼 #비경쟁토론 #매체활용 #논리력쑥쑥
● ● ● ● ● ●

   의사소통 능력과 정보 활용 능력, 협업 능력은 현대 사회에서 꼭 필요한 역
량들이죠. 이러한 능력들을 한 번에 길러줄 수 있는 활동! 바로 토론입니다.
하지만 '토론'이라는 말을 들으면 시작하기도 전에 어려워하는 아이들이 많은
데요. 선생님 입장에서도 아이들이 흥미 있어 할 만한 논제를 선정해서 토론
절차에 맞춰 토론을 진행하는 것이 쉬운 일은 아닙니다. 국어 교사로서 아이
들이 즐겁게 참여하면서도 유익한 배움이 일어나는 토론 활동이 없을까 고민

하던 중, 거꾸로 수업에 착안하여 독서 토론 활동을 시도해 봤습니다.

모둠별로 협력하는 독서 토론

토론이 원활하게 이루어지려면 해당 논제에 대한 지식과 흥미가 있어야 하는데요. 저는 동기 유발을 위해 개그 프로그램 영상과 쉬운 도서를 활용했답니다. 가벼운 논제를 제시한 뒤, 아이들이 포스트잇에 찬반 입장을 적도록 하여 토론도 일종의 놀이처럼 여겨지도록 했죠. 거창한 논제나 전문 지식이 없더라도 토론을 가볍고 친밀하게 느낄 수 있어요.

활동 설명

토론을 시작하기 전, 토론에 대한 동기 부여 영상을 먼저 보여 줍니다. 그리고 찬반 의견이 나올 수 있는 간단한 동화책을 제시한 후, 아이들이 자신의 의견을 포스트잇에 적어 칠판에 붙이도록 합니다. 이때, 아이들은 자신과 같거나 다른 친구들의 의견을 보고 자연스럽게 공감하거나 시야를 확장할 수 있어요.

이후 책을 소개하며 오늘의 논제를 제시하고 e-book을 읽으며 논제와 관련된 핵심 개념과 논거들을 정리합니다. 그리고 활동지에 모둠원과 협력하여 찬성과 반대 입장을 적고, 최종 결정된 자신의 입장을 모서리에 적습니다. 활동을 마치면 모둠별로 활동지 발표를 하고 반 전체의 입장을 정합니다. 절차만 보면 다소 복잡해 보이지만, 막상 활동을 시작하면 어렵지 않게 토론을 진행할 수 있을 거예요.

활동 시나리오

1. 동기 부여 영상 보기 & 포스트잇으로 미니 토론하기

동기 부여를 위해 토론과 관련된 영상을 1분 이내로 보여 줍니다. 저는 '코미디 빅리그'라는 프로그램의 코너 '사망 토론'을 활용했는데요. 아이들의 수준에 적합하고 교육적으로 문제가 되지 않는 논제를 찾아 앞부분 내용만 간단히 보여 줬는데, 아이들이 굉장히 즐거워했습니다. 아이들에게 토론이 무엇인지 짧게 설명하면서 "이 부분에서 상대방을 설득하기 위해 사용한 방법은 뭘까요?"라고 물었더니 예시, 인용 등 다양한 대답이 나와 자연스럽게 설득 방법까지 배울 수 있었답니다.

동기 부여 시간이 끝난 뒤에는 <홍길동전>을 제시하며(동화책이나 줄거리 영상 활용) '홍길동이 부자들의 재산을 빼앗아 가난한 사람들을 도운 것은 정당하다'라는 논제로 미니 토론을 진행했는데요. 포스트잇에 자신의 이름과 근거를 적어 찬성은 왼쪽, 반대는 오른쪽에 나와서 붙이도록 했습니다. 포스트잇을 다 붙이면 친구들의 의견을 읽어 주며 서로 생각을 나눌 수 있도록 했고요.

포스트잇으로 미니 토론을 진행하는 모습

온라인 상황에서는

화면 공유 기능을 통해 동기 부여 영상을 보여 줍니다. 이후 패들렛에 글을 쓰게 하거나 줌 '손들기'와 채팅 기능을 통해 찬성과 반대에 대한 자신의 입장을 발표하게 합니다.

2. e-book 읽고 모둠별 협력 토론하기

학급 아이들 전체를 대상으로 책을 구매하여 읽혀도 좋지만, 저는 블렌디드 수업 상황과 편의성을 고려하여 e-book을 활용했습니다. 먼저, 무료 e-book 사이트 및 e-book 뷰어를 활용하여 아이들과 다 같이 논제와 관련된 책을 읽고 핵심 내용을 정리합니다. 그리고 모둠별로 활동지를 나누어 주고 가운데에는 핵심 논제, 다음 칸에는 찬성, 다다음 칸에는 반대 입장을 모둠원끼리 협력하여 적도록 합니다. 이때, 선생님은 조별로 돌아다니며 학생들에게 적절한 피드백과 칭찬을 제공해요.

이름/개별입장/근거　　반대

찬성　기본소득을 시행해야 한다.

활동이 마무리되면 모둠 내에서 나온 논거들을 조합하여 자신의 최종 입장을 적도록 합니다. 저의 경우에는 <홍길동전>의 논제와 연관 지어 아이들과 함께 '기본소득은 정당하다'라는 논제를 정해 봤는데요. 논거 마련을 어려워하는 아이들을 위해 핵심 개념을 카드 형태로 제작하여 나누어 주고, 이 개념들을 넣어 논거를 제시해 보라고 독려했습니다.

무료 e-book 사이트

· 문학광장 문학 웹진(https://webzine.munjang.or.kr)
· 네이버 e-book
· 알라딘 무료 e-book
· 서울시 전자도서관 등

활빈당	기본 소득	소득 불평등	빈부격차 심화
선별 복지	인공 지능	일자리 감소	무조건성
공공 부조	보편성	세금 부담	개인의 노력
사회 보험	박애 정신	노후 안정	경쟁력
물가 인상	복지 국가	기존 복지제도	게으름

핵심 개념 카드 및 모둠별 협력 토론 활동 모습

화면 공유를 통해 e-book을 함께 읽고 소회의실을 활용하여 모둠별 협력 토론이 이루어지도록 합니다. 이때, 핵심 개념 카드를 제시하고 어려움이 있을 때는 바로 도움을 요청하도록 해요. 모둠별 결과는 패들렛에 적거나 기록자가 대표로 활동지에 기록합니다. 선생님께서 소회의실을 하나씩 방문하여 활동이 잘 이루어지는지 관찰하고 적절한 피드백을 하시는 것이 중요합니다.

3. 발표 및 전체 의견 수렴하기

이제 토론 활동의 마지막 단계입니다. 모둠별로 자신이 기록한 활동지를 칠판에 전시하고 발표해요. 학생들은 발표하거나, 다른 친구의 발표를 들으면서 자연스럽게 논제에 대한 생각을 정리하고, 최종 의견 수렴 단계에서 해당 입장에 투표합니다.

모둠별 활동 발표 및 전시 모습

모둠별 발표를 듣고 '손들기' 기능을 통해 자신의 최종 입장을 정합니다. 근거는 채팅창이나 패들렛에 적어 공유할 수 있도록 합니다.

　시간이 부족할 수 있으니 타이머를 활용하여 각 활동 시간을 명확히 제시하는 것이 좋아요. 개별 활동이나 경쟁적 토론 활동이 아니기에 아이들이 부담 없이 자신의 의견을 말할 수 있다는 것이 장점입니다. 다만, 모둠별로 열정적인 친구가 필요하기에 적절히 모둠원 안배를 하는 것이 좋습니다.

　학생들이 모여 활동하는 것이 부담스럽다면, 한 줄씩 릴레이로 자신의 의견을 적도록 하는 방법도 있습니다. 맨 앞에 있는 친구가 먼저 찬성, 반대 측 논거를 하나씩 적고 뒤로 넘기면 그다음 친구가 적는 식이죠. 이후 자신의 입장을 적을 때는 순서를 반대로 하여 맨 뒤의 친구부터 최종 입장을 적고 앞쪽으로 활동지를 넘기면서 입장을 적도록 해도 됩니다. 다만, 모둠원들의 즉각적인 협력이 어렵다는 단점이 있어요. 모둠별 보상을 제공하는 것도 학습 동기를 높이는 방법입니다.

5~6월 | 수업

9. 컴퓨터 없이 배우는 언플러그드 활동 … 안소정
10. 보물단지 씽킹맵으로 정리하는 근현대사 … 김선민
11. 구도로 시작하는 풍경화 그리기 … 안소정
12. 자동화된 체육 시간 … 김경희
13. 호국보훈의 달! 사회과 연계 수업 … 안소정

컴퓨터 없이 배우는 언플러그드 활동

#5월 #행사의달 #엉덩이가들썩들썩 #활동으로배우는 #컴퓨팅사고 #2차는 #온라인으로
● ● ● ● ● ●

'코딩', '컴퓨팅 사고', '4차 산업 혁명'과 같은 뜨거운 화두가 나온 지 오래지만, 정작 학교에서 학생들이 코딩을 온전히 학습하기에는 다양한 어려움이 존재합니다. 먼저, 학생들이 어른들의 기대만큼 '스마트'하게 컴퓨팅 사고를 이해하지 못한다는 점이 있죠. 컴퓨터실에서 엔트리 사이트에 제시된 게임을 재미있게 이용하지만, 해당 게임을 만드는 코딩 단계를 개별적으로 수행하도록 하면 힘들어하는 친구들이 생각보다 많은 것을 알 수 있습니다. 또한, 교과서에 제시된 코딩 단계 역시 아쉬운 점이 있어요. 당장 실과 교과서를 살펴봐도 발명적 사고 → 엔트리 사이트 → 재미있는 코딩 로봇에 대한 흐름으로 설명이 이어질 뿐이거든요. 컴퓨터 언어의 필수라 할 수 있는 순서도 및 컴퓨팅 사고를 이해하기 위한 언플러그드 활동 등이 제시되어 있지 않은 교과서도 존재하고요. 아마 코딩으로 완성한 명령어를 물리 로봇에 집어넣고 실행하도록 하는, 재미있고 다양한 활동들이 초등학교 교육과정에서 빠져있는 것과 맥을 같이 하고 있기 때문이 아닐까 합니다. 무엇보다도 교과서에 제시된 코딩 로봇을 학생 개별 활동으로 활용할 수 있을 만큼 로봇 구입 예산이 넉넉하지 않은 것 또한 학교가 마주하고 있는 현실이기도 할 거예요.

이렇게 다양한 상황을 고려하여 학생들에게 최선의 수업을 제공하기 위해 필요한 것이 바로 '교사의 교육과정 재구성'이라 생각합니다. "코딩 교육'이라는 큰 흐름 안에서 쉽고 즐거운 학습 활동을 통해 컴퓨팅 사고와 코딩의 기초를 학생 수준에서 이해하고 경험하도록 배경을 제공해 주는 단계가 바로 초등학교에서의 코딩 수업이 되어야 하지 않을까?' 하는 생각이 들었어요.

이 글에서는 아이들이 로봇이 되어 컴퓨터 없이 컴퓨팅 사고를 경험하도록 하는 '언플러그드 활동'을 소개하려고 합니다. '아이들이 로봇이 되도록!' 컴퓨터 없이 진행하는 로봇과 컴퓨터의 생각 엿보기! 지금부터 출발합니다.

컴퓨터 없이 배우는 언플러그드 활동

사실, 제목에는 약간의 문제가 있어 보입니다. 어찌 보면 동어 반복이 되는 셈이죠. '컴퓨터가 없다 = 컴퓨터를 이용하지 않는다 = 컴퓨터 플러그가 뽑힌 = 언플러그드'로 이어지기 때문입니다. 어쨌든, 학생들이 컴퓨터 없이도 즐겁게 수업에 참여할 수 있고, 직접 로봇이 되어 시행착오를 거치며 컴퓨팅 언어에 대한 감을 익히는 언플러그드 활동! 5월의 따스한 등교일, 각종 행사로 의

자에 앉아 집중하기 힘들어하는 학생들과 선생님들께 강추하는 활동입니다.

언플러그드 활동 이전, 'Darnit family challenge how to make a pb&j'라는 제목의 영상을 아이들에게 보여 줍니다. 그럼 아이들은 너무나 재미있다는 듯 깔깔 웃기 시작하죠. 과연 지금 웃고 있는 아이들은 영상 속의 행동을 반복하지 않을 수 있을까요?

언플러그드 활동은 기계와 인간의 다른 점 추측하기, 동영상 시청 및 이야기 나누기, 언플러그드 활동 소개하기, 언플러그드 활동지 작성하기, 언플러그드 활동 미션 수행하기, 컴퓨터 언어 학습 및 엔트리 활동하기, 물리 로봇 실습하기 등의 순서로 이루어집니다.

수업 시나리오

1. '기계와 인간의 다른 점은 무엇일까?' 질문하기

학생들이 기계에 대해 어떤 이미지를 가지고 있는지 질문을 통해 파악합니다. 보통 '외모가 다르다', '똑똑하다' 등의 추상적인 대답에서 '감정을 느끼지 못한다' 등 보다 구체적인 대답으로 이어지게 됩니다.

2. 영상 시청하기

 'Darnit family challenge how to make a pb&j'라는 제목의 영상을 시청합니다. 영상을 시청하는 중간중간 '왜 샌드위치 만들기에 실패했는지?', '어떻게 하면 샌드위치 만들기에 성공했을지?' 등의 이야기를 나눕니다. 이와 관련해 컴퓨터와 로봇이 사람과 의사소통하는 방법이 어떻게 다른지 다시 한번 추측하게 합니다. 이후 컴퓨터의 사고 과정을 설명하고, 언플러그드 활동을 소개합니다.

3. 언플러그드 활동지 작성하기

 다음과 같은 언플러그드 활동지를 준비하여 모둠별 활동을 하도록 합니다. 코로나 상황에서는 개별 수행도 가능합니다. 학생들이 문제를 해결하도록 충분한 시간을 주고, 실제로 명령어를 적으며 시연해도 좋다고 이야기해 주세요.
 아래 제시된 미션은 1단계 미션으로, 비교적 간단하고 쉬운 편에 속합니다. 점차 난이도를 높여 '자리에서 일어나 창문을 열고 "야호!"라고 소리치기'와 같은 미션을 제시하면 아이들이 더욱 즐겁게 참여할 수 있답니다.

미션 1. 책상 위에 있는 우유갑을 칠판 아래에 있는 우유 상자에 넣기	
1단계	
2단계	
3단계	
4단계	
5단계	
6단계	
7단계	
8단계	
9단계	
10단계	
11단계	
12단계	
13단계	
14단계	
15단계	
16단계	
17단계	
18단계	
19단계	
20단계	

4. 언플러그드 활동 미션 수행하기

미션 수행은 다음과 같이 5단계로 진행됩니다.

① 주어진 미션을 일정 시간 고민하여 완성합니다. 교실에서 재미있게 활동
  할 수 있는 미션으로 정하는 것을 추천합니다. (예 : 창문 열고 '야호' 외치기)
② 자원하여 자신의 미션을 발표할 학생을 모집합니다.
③ 발표자 옆에서 해당 발표자의 로봇 역할을 해 줄 학생을 선정합니다. 로
  봇 역할의 학생은 자신의 의지대로 움직이지 못하고, 명령에 따라서만
  움직이게 됩니다.
④ 미션에 따라 로봇 역할의 학생이 움직이다 보면, 미션이 성공인지 아닌
  지 금방 행동으로 드러나게 되는데요. 실패했을 경우, 발표를 희망하는
  또 다른 학생을 모집하여 미션을 성공할 때까지 반복합니다.
⑤ 교사의 별다른 지시 없이도 학생들은 앞 친구가 미션을 실패하는 모습을
  보고 스스로 명령어를 수정하게 됩니다. 또 기계와 사람의 언어가 어떻
  게 다른지 스스로 깨닫게 됩니다.

사실 여기까지가 언플러그드 활동에 해당한다고 볼 수 있는데요. 경험상 언
플러그드 활동만으로도 학생들이 로봇과 기계가 어떤 명령 체계에 의해 움직
이는지 충분히 파악할 수 있다고 생각합니다. 다만, 학교의 여건과 학생들의
수준에 따라 다음 단계에 해당하는 '실제 물리 로봇을 활용한 피지컬 컴퓨팅'
이나 '피지컬 엔트리 활동'이 가능할 테니, 학교 장비와 학생 수준을 고려하여
활동을 진행해 주시면 되겠습니다.

5. 순서도 및 컴퓨터 언어 학습하기 / 엔트리 활동하기

    학생들은 기계에 어떤 과정으로 명령어를 입력해야 하는지 이미 학습한 상황입니다. 따라서 보다 어려운 순서도에 관한 설명이나 사고력을 요하는 단계를 명령어로 제시하는 언플러그드 활동을 연습해 보도록 할 수 있습니다.

    하지만 저의 경우, 이 부분은 뛰어넘고 바로 엔트리 활동을 시작했어요. 담임 교사가 쉽게 학생들의 전체 아이디를 생성할 수 있고, 학생들 역시 담임 교사의 별다른 지도 없이 게임을 통해 초급부터 고급까지의 엔트리 활동을 실시할 수 있어 모두가 쉽게 사용할 수 있답니다.

엔트리 사이트 첫 화면 (https://playentry.org)

학생 추가하는 방법 (엔트리사이트 운영 매뉴얼 확인)

6. 물리 로봇 실습하기

학교마다 실제 로봇이 구비된 곳도 있고, 그렇지 않은 곳도 있습니다. 참고로 제가 근무했던 학교의 경우에는 학년에서 14대를 구매하여 조별로 실습했어요. 로봇의 종류에 따라 모양은 다르지만, 기본 원리는 같습니다. 학생들이 엔트리에서 만들어 놓은 프로그래밍 작업을 로봇이 잘 수행하는지 확인하는 과정이므로, 각 학교별 준비물 예산에 맞는 로봇을 구입하여 활용하시면 됩니다.

또한, 2015 개정 초등 교육과정에서 SW 관련 성취 기준 역시 피지컬 컴퓨팅 (프로그램 물리 로봇)에 관한 내용은 거의 언급되지 않고 있어, 사실상 초등 단계에서는 프로그램 과정을 체험하고 구조를 파악하는 '기초적이고 단순한 프로그래밍 체험' 정도에 머물고 있어요.

[6실04-01] 가꾸기와 기르기의 의미를 이해하고 동식물 자원의 중요성을 설명한다.

[6실04-02] 생활 속 식물을 활용 목적에 따라 분류하고, 가꾸기 활동을 실행한다.

[6실04-03] 생활 속 동물을 활용 목적에 따라 분류하고, 돌보고 기르는 과정을 실행한다.

[6실04-04] 수송과 수송 수단의 의미를 알고, 수송 수단의 기본 요소를 설명한다.

[6실04-05] 다양한 재료를 활용하여 수송 수단을 구상하고, 제작한다.

[6실04-06] 자전거의 구성 요소와 안전하게 관리하는 방법을 알고 실천한다.

[6실04-07] 소프트웨어가 적용된 사례를 찾아보고 우리 생활에 미치는 영향을 이해한다.

[6실04-08] 절차적 사고에 의한 문제 해결의 순서를 생각하고 적용한다.

[6실04-09] 프로그래밍 도구를 사용하여 기초적인 프로그래밍 과정을 체험한다.

[6실04-10] 자료를 입력하고 필요한 처리를 수행한 후 결과를 출력하는 단순한 프로그램을 설계한다.

[6실04-11] 문제를 해결하는 프로그램을 만드는 과정에서 순차, 선택, 반복 등의 구조를 이해한다.

<2015 개정 초등 교육과정(실과)> 일부 발췌

자, 이제 컴퓨터실에서 프로그래밍을 완성합니다. 그리고 로봇의 USB로 옮

겨 놓고 로봇이 잘 작동하는지 정도만 확인하는 것으로 해당 실과 시간을 마무리합니다. 다만, 로봇의 종류별로 미리 드라이버 등을 받고 설치해야 하는 등 로봇 및 소프트웨어 프로그램의 작동 방법, 연결 방법이 모두 달라 미리 확인해 보셔야 해요!

<피지컬 컴퓨팅을 위한 교구>

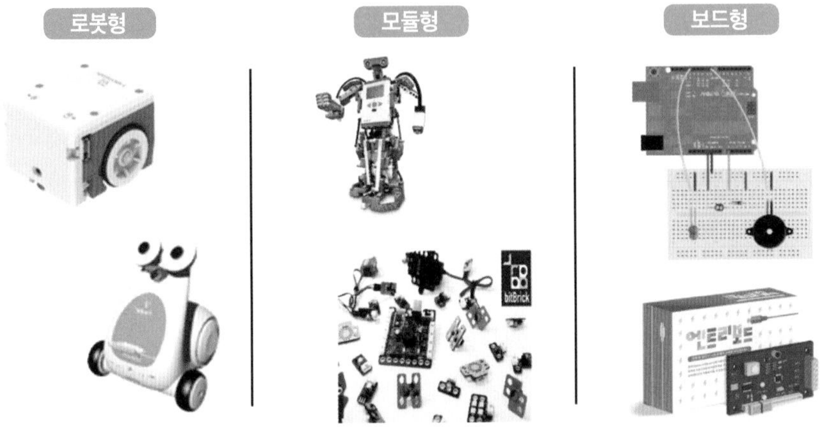

다양한 엔트리 로봇의 유형

다음 실과 시간에 교실의 책상을 밀어 놓고, 넓은 공간을 활용하여 프로그래밍대로 로봇이 움직이는지 모둠별로 활동을 진행합니다.

[활용 방법 1 _초급①]

로봇이 움직이도록 프로그래밍하는 것이 어려운 경우, 아예 로봇 자체에 프로그래밍이 내장된 경우도 있기에 로봇의 움직임을 보고 어떤 명령어를 활용했을지 질의응답을 통해 확인해 보는 것도 좋은 수업 방법이 될 수 있어요.

로봇이 이동하는 길이 표시된 지도가 동봉된 경우, 새로운 지도를 만들어 로봇이 그 길을 따라 움직이게 해도 학생들이 즐겁게 참여할 수 있습니다.

1 온라인 상황에서는

온라인 상황에서는 줌을 통해 실시간 언플러그드 활동을 진행합니다.

우선, 소회의실에서 모둠별로 샌드위치 만들기에 실패한 이유를 나누도록 하여 서로의 생각을 공유합니다. 구글 문서를 통해 모둠별 언플러그드 미션 활동지를 완성하도록 하고, 학급 전체 발표 활동 이전 모둠별 토의를 통해 오류를 해결하게 합니다.

이후 완성된 언플러그드 미션 활동지를 발표합니다. 줌에서 발표를 통해 전체 학생들과 학습 결과를 공유하고, 실패 모둠과 성공 모둠에 어떤 차이가 있었는지 그 원인을 스스로 발견하도록 합니다. 실패 모둠은 친구들의 의견을 반영하여 언플러그드 활동을 수정하고, 성공 모둠은 다음 단계의 언플러그드 활동을 진행합니다.

미션을 완료한 모둠은 엔트리 사이트에 각자 접속하여 개별 엔트리 활동을 진행하는데요. 잼보드를 통해 그날 진행한 엔트리 활동 내용을 기록하고, 어려웠던 부분과 잘 되었던 부분을 포함하여 작성하게 합니다.

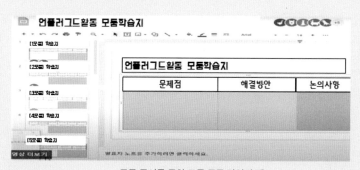

구글 문서를 통한 모둠 공동 작업의 예

언플러그드 활동을 체험하며 학생들은 스스로 수업의 주인공이 되어 즐겁게 수업에 참여하게 되었으며, 그 과정에서 친구들과 협동하여 문제를 해결할 수 있었습니다. 또한, 교사 역시 온라인 수업의 경우 엔트리 사이트에서 한눈에 학생들의 진도율 및 학습 상황을 파악할 수 있어 개별 피드백이 가능했어요. 개별 엔트리 활동의 경우, 학생별로 엔트리 활동의 수행 정도가 다르기에 서로의 활동을 확인하는 것이 중요하며, 어려워하는 학생의 경우는 학생 상호 간 도움을 주고받을 수 있도록 합니다.

참고로 몇 가지 말씀드릴 팁이 있는데요. 온라인 언플러그드 활동을 개별로 진행할 경우, 각 가정의 구조가 다르기에 물건 집기, 찾기, 움직이기 등을 수행하기에 제약이 있다는 점입니다. 환경상의 제약 없이 수행할 수 있는 미션 활동지나 온라인에서 무리 없이 진행될 수 있는 언플러그드 활동을 교사가 미리 준비하는 것이 중요하다고 생각해요.

또한, 교사가 각 학생의 가정에서 온라인을 통해 엔트리 학습을 할 수 있는 환경이 갖추어져 있는지 확인하는 것도 중요합니다. 가정에서 엔트리 학습이 불가능한 학생의 경우, 학교에서 노트북을 대여할 수 있도록 합니다. 그 또한 여의치 않을 때는 해당 학생과 교사가 따로 약속(우리 반 학생들이 등교하지 않는 날)을 정해 해당일에 등교하여 과제를 수행하도록 하는 등의 배려가 필요합니다.

잼보드를 활용한 엔트리 활동 결과 보고의 예

참고 자료

· 엔트리 사이트, 엔트리 나의 학급 기능 매뉴얼 : 학생 추가 방법, https://
playentry.org/material.

· 엔트리 사이트, 엔트리 교원 연수 및 기타 참고 자료 : 피지컬컴퓨팅 실습2(햄스
터), https://www.slideshare.net/entrylabs/08-58135090.

· 에듀넷 티클리어, 별책10_실과(기술가정), 정보과교육과정(제2015-74호), https://
www.edunet.net/nedu/ncicsvc/listSub2015Form.do?menu_id=623.

보물단지 씽킹맵으로 정리하는 근현대사

#노트정리 #5,6학년 #모든교과에적용가능 #다양한형식 #발전하면비주얼씽킹
● ● ● ● ● ●

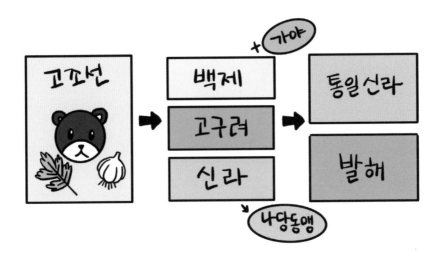

 '씽킹맵(Thinking Map)'은 1941년 알버트 업튼 박사에 의해 고안된 활동으로, 인간의 사고 유형을 8가지로 분류하여 생각의 패턴을 시각화하는 활동인데 요. 씽킹맵을 통해 우리는 학생들에게 다음과 같은 효과를 기대할 수 있습니다.

1. 문제를 해결해 나가는 데 필요한 창의적인 사고력을 기를 수 있습니다.
2. 정보 수용, 분석, 전개, 평가 등의 기본적인 사고 능력을 훈련하고 발달시킬 수 있습니다.
3. 사물이나 개념에 대한 정의, 묘사, 분류, 순서 열거 능력을 신장시킬 수 있습니다.

   씽킹맵에는 기본적으로 8가지 종류의 활동지가 존재하며, 시간이 흐르며 더 많은 종류의 활동지가 제작되고 있습니다. 기본 8가지 종류로는 써클맵, 트리맵, 버블맵, 더블버블맵, 플로우맵, 멀티플로우맵, 브레이스맵, 브릿지맵이 있습니다.

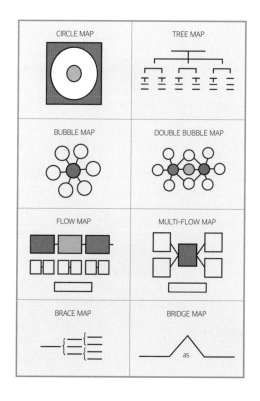

역사의 흐름을 정리하기 좋은 맵은? 플로우맵!

5, 6학년 교과서에 나와 있는 역사와 근현대사를 시간에 흐름에 따라 정리한다면 '플로우맵'을 사용할 것을 추천합니다. 플로우맵은 시간에 흐름에 따라 정리하는 데에 탁월한 장점을 지니거든요. 왼쪽부터 시작하여 화살표로 연결된 사각형에 구성 요소를 작성하면 깔끔한 수업 정리가 됩니다. 특히 5학년 삼국시대의 각 나라의 발달, 6학년 민주화운동의 과정 등 시대의 흐름이 잘 드러난 수업에 사용한다면 학생들의 기억에 많은 도움이 될 거예요. 국어 시간 중 흐름에 따른 내용 정리가 필요한 다양한 주제, 수학 문제 풀이 과정 등 범교과적으로 사용 가능합니다.

⸺⸺⸺⸺⸺⸺ 활동 설명 ⸺⸺⸺⸺⸺⸺

역사 주제를 선정한 뒤, 플로우맵을 활용해 효과적인 내용 정리를 합니다. 역사의 전반적 흐름을 파악하며 체계적으로 사고하는 능력을 키웁니다.

⸺⸺⸺⸺⸺⸺ 수업 시나리오 ⸺⸺⸺⸺⸺⸺

1. 플로우맵 활동지 준비하기

수업 시간에 학습한 내용을 '플로우맵'을 활용해 시간의 흐름에 따라 정리해 보려 합니다. 먼저, 플로우맵 활동지를 준비해 주시면 됩니다. 아래 예시는 6학년 교과 내용 중 '광복 이후 우리나라의 민주주의 발전 과정'을 총정리한 것이에요.

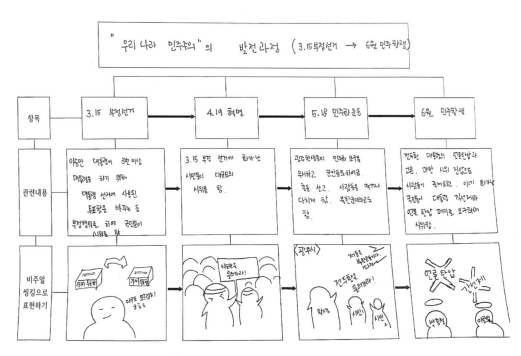

민주주의의 발전 과정으로 작성한 플로우맵

🖥 온라인 상황에서는

온라인 학습지 툴인 'teacher made(티처메이드)'를 활용하여 미리 학습지를 만들 수 있습니다. 만든 학습지를 학생들에게 제시하면, 학생들은 선생님이 제시한 칸에 내용을 작성해 봅니다. 종이를 사용하지 않는다는 것과 선생님이 한눈에 모든 학생이 작성하는 것을 확인할 수 있는 장점이 있습니다. 다만, 제출 이후 선생님이 돌려준 링크를 잘 보관해야 지속적인 반복 학습이 가능하다는 아쉬운 점이 있어요.

2. 함께 플로우맵으로 나타내기

앞서 선정한 역사 주제에 대해 함께 플로우맵으로 나타내 보는 시간을 가집니다. 학생들은 개인 또는 모둠으로 플로우맵을 작성하게 되는데요. 이때, '패들렛'을 활용해 수업을 진행하시는 것도 추천합니다.

플로우맵으로 수업하는 과정을 아래의 간략한 발문으로 제시해 보려 합니다.

T : 광복 이후부터 지금까지 있었던 민주주의의 발전 과정을 공부했는데요. 어떤 것이 있었죠?

S : 광복 이후 이승만 대통령이 여러 번 대통령이 되기 위해 부정 선거를 저질렀고, 이에 화가 난 시민들이 이승만 대통령이 물러날 것을 요구하는 3.15 부정선거와 민주시민운동이 있었습니다.

T : 맞아요. 우리 함께 첫 번째 칸에 '3.15 부정선거와 민주시민운동'이라고 작성하고, 아래에 간략히 내용을 적어 봅시다. 또 어떤 일이 있었죠?

S : 순서는 잘 모르겠지만 광주민주화운동도 있었어요!

T : 그렇습니다. 그렇다면 광주민주화운동 이전에는 어떤 일들이 있었죠?

S : 4.19 혁명, 6월 민주화항쟁이 기억납니다.

T : 네, 맞습니다. 그러면 광주민주화운동은 4번째 칸으로 가면 되겠네요! 모두 내용을 순서에 맞게 적어 봅시다.

(생략)

패들렛을 활용하여 개인·모둠 학습을 하게 되면, 틀린 내용의 수정이 쉽다는 장점을 이용할 수 있습니다. 디지털 툴이기에 쉽게 삭제도 가능하지만, 타임라인 형식의 큰 특징은 중간에 내용을 삽입할 수 있는 +버튼이 있다는 거예요. +버튼을 누르면 중간에 삽입이 가능한 공간이 즉시 생성되기에 종이에 작성하는 것과 달리 학생들이 편집하기에 용이합니다.

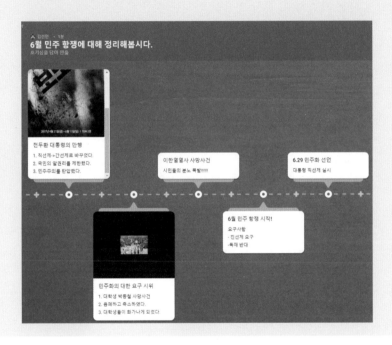

3. 역사의 흐름 떠올리며 서로 이야기 나누기

수업 시간에 정리한 '플로우맵'을 통해 역사의 흐름을 전반적으로 파악하며 서로 이야기를 나누어 봅니다. 이러한 과정을 통해 학생들은 수업 내용을 복습하며 체계적인 사고를 할 수 있는 기반을 다지게 된답니다.

Q. 패들렛의 개수가 부족할 때는, 어떻게 해야 할까요?

패들렛은 무료 가입자의 경우 3개를 제공합니다. 그러나 교사 인증을 통해 5개까지 사용 가능하니, 교사 인증을 하시는 것을 추천합니다.

Q. 그래도 부족해요. 다른 방법은 없을까요?

　그래도 부족할 경우, '아카이브'를 사용해 보세요. 아카이브 기능을 사용하면, 수업에 필요 없는 패들렛을 감추고 더 많은 패들렛을 생성할 수 있어요. 또, 필요할 때 패들렛을 다시 가지고 나올 수도 있답니다.

구도로 시작하는 풍경화 그리기

#풍경화 #똥손도가능한 #교실풍경도가능 #날좋은날 #풍경화평계로 #운동장낭만가득

● ● ● ● ●

　‘풍경화 그리기’는 분명 6학년 미술 교과서에 제시되어 있는 학습 내용인데, 제가 겪었던 학창 시절의 미술 시간은 ‘그리기 시작!’으로 시작해서 작품 완성으로 끝나는 수업이 전부였던 것 같아요. 미술 학원을 다니지 않았던 저로서는 굉장히 싫어하는 과목 중 하나였고, 그렇기에 학생들의 스트레스에 오롯이 공감할 수 있는, 학생들에게 똥손이라고 당당하게 말할 수 있는 과목이기도 합니다.

다만, 학생 때의 입장과 다른 점 한 가지는 제가 '교사'라는 사실이겠죠? '교사라서 어마어마한 스킬과 능력치를 구사해야지!' 하는 마음이 아닌, 무엇보다도 '미술에 대한 공포감'과 '학원에 다녀야만 미술을 잘 할 수 있다'는 생각을 적어도 제가 가르치는 아이들에게는 똑같이 겪게 하고 싶지 않았습니다.

사교육을 통해 미술을 배우지 않더라도 아이들이 학교에서 미술에 대한 '즐거움'을 느낄 수 있게 해 주고 싶은 마음이에요. 미술 교육의 기본인 '조형 요소 및 조형 원리'를 더해 '아이들이 감각적으로 경험할 수 있는' 미술을 가르치고 싶은 마음에 시작하게 된 미술 수업이랍니다. 지금부터 시작해 볼까요?

구도로 시작하는 풍경화를 그려 봐요

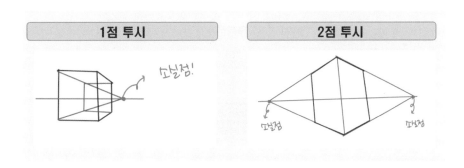

소실점과 1점, 2점, 3점 투시! 임용 고시를 공부하며 지겹도록 외우고, 보고, 해당 원리가 적용된 작품을 감상하셨던 것 기억나시나요? 하지만 아이들에게 '1점, 2점, 3점 투시'라는 용어는 그저 가르치기에도, 기억하기에도 쓸모없는 이론 용어에 지나지 않을까 생각됩니다.

물론, 이론 수업은 분명히 해야 하고, 또 중요하죠. 하지만 아이들의 눈높이에서 이론과 실제를 적절히 섞어 보여 주고, 그 차이점을 느끼게 하는 것이 초등교사에게 가장 요구되는 능력이 아닐까 생각합니다.

'학생들의 생활 속에서 이미 원근법이 적용된 활동에는 무엇이 있을까?'라는 질문에서 수업 구상 및 제작을 시작했습니다. 사진을 못 찍는다며 저를 주구장창 놀려대던 남자친구를 떠올리며 '렌즈의 위치에 따라 사진이 정말 다르게 보이는구나!'를 깨닫게 된 경험이 생각났는데요. 요즘은 거의 모든 학생이 핸드폰을 들고 다니죠. 학생들은 이미 사진과 영상을 찍고 편집하는 데 있어 교사를 포함한 기성세대의 어른들보다 훨씬 더 뛰어난 감각을 보입니다.

그래서 학생들이 그렇게나 많이 사용하는 사진과 영상을 통해 '구도'의 중요성을 알게 하고, 구도에서 원근법으로 확장시키는 수업을 마련했답니다. 물론, 저는 미술학도가 아니기에 구도와 원근법이 같은 개념인지 다른 개념인지 그 심오한 원리에 대해서는 알지 못합니다. 오히려 학생들과 같은 눈높이에서 '사진을 통해 원근법을 가르치면 좋겠다.'까지만 생각했죠. 그럼 지금부터 자료를 활용해 설명을 시작하겠습니다.

━━━━━━━━━━━━━━━━━━━━ 수업 시나리오 ━━━━━━━━━━━━━━━━━━━━

1. 구도 이해하기

다음 풍경은 어떤 구도일까요?

수평 구도

대각선 구도

(활 모양) 호선 구도

수직 구도

　'구도'란 그림에서의 위치, 모양, 짜임새 등을 의미합니다. '웅장함', '집중감', '안정감' 등 사진은 '구도'에 따라 다양한 느낌을 표현할 수 있는데요, 이러한 내용을 충분한 사진 자료를 제시하며 아이들에게 알려 줍니다. 그리고 제시된 풍경 사진 자료를 보고 어떤 느낌이 드는지에 대해 아이들과 이야기를 나눕니다.

구도에 따라 어떤 느낌이 드나요?

수평 구도 - 안정, 평화

대각선 구도 - 통일, 집중, 원근감

호선 구도 - 큰 움직임

수직 구도 - 상승, 거대함

2. 원근법 이해하기

이제 우리가 눈에 담거나 사진으로 찍은 풍경을 그림으로 표현하는 방법을 공부하고, 직접 표현해 보는 시간을 가집니다. 구도가 무엇인지 공부했으니, 본격적으로 원근법을 공부하게 되는데요. 저의 경우 다른 선생님의 구도 틀 자료를 활용하여 교실 풍경 그리기를 진행한 뒤, 추후 교실 밖으로 나가 풍경화 그리기를 진행한답니다. 참고로 '인디스쿨'에서 교실 풍경, 구도 틀 등을 검색하시면 유용한 자료를 활용하실 수 있어요. 이때, 아이들에게 앞서 배운 '구도'를 활용하여 그림에 입체감을 불어 넣을 수 있다는 점도 알려 주면 좋습니다.

교실 풍경 그리기를 하며, 원근법의 정의를 말해 줍니다. '원근법'이란 물건이나 풍경의 멀고 가까움이 평면의 종이에 입체적으로 표현되도록 하는 방법을 뜻하는데요.

'구도'를 사용해
원근감을 나타냄

원근감이 가장 잘
느껴지는 구도는??

멀고 가까운 (원근)
차이가 잘 드러나도록
표현하려면?

[원] 멀리 있는 대상
- 크기는 (작)게
- 색깔은 (열)게

[근] 가까이 있는 대상
- 크기는 (크)게
- 색깔은 (질)게, (또렷) 하게

　우리의 손과 눈이 카메라 렌즈처럼 멀고 가까운 거리를 자동으로 종이에 표현해낼 수 있다면 좋겠지만 그럴 수 없죠? 그렇기에 우리는 '원근법'이라는 기법을 사용하여 그림을 그린다는 사실 또한 아이들에게 알려 줍니다.

　원근법의 정의를 설명해 주었다면, 다음으로 원근법의 종류인 투시 원근법, 색채 원근법에 대해 간단히 설명합니다. 이 부분 역시 용어가 중요하지 않기에 용어 자체보다는 평면의 종이에 '멀고 가까움', '크고 작음', '밝고 어두움'

등으로 입체적인 느낌을 표현할 수 있다는 것을 알려 주세요. 학생들이 작품 감상을 통해 '느끼도록' 해 주시는 것이 중요합니다. 실제 원근법이 적용된 다양한 미술 작품을 학생들과 함께 감상해 보시는 것을 추천드려요. 원근법으로 유명한 다양한 미술 작품을 보여 드리고자 했지만, 저작권 등의 문제로 담지 못해 아쉬울 따름입니다.

투시원근법

멀리 있는 것은 (작)게,
가까이 있는 것은 (크)게 보이는 원리를 이용한
원근법으로, 소실점의 수에 따라 1점, 2점, 3점
투시가 있음.

색채원근법

(색)의 짙고 연함, 밝고 어두움 등으로
멀고 가까운 느낌을 표현하는 방법

원근법에 대한 이론 설명이 끝나면 아이들에게 숙제를 하나 내 주면 좋습니다. 저의 경우, 하교하며 우리 학교에서 구도가 잘 드러나는 장소를 골라 핸드폰으로 찍는 과제를 주는데요. 자신이 전달하고자 하는 느낌이 바로 느껴질 만큼 구도가 잘 드러나는 사진을 찍어 오라고 강조해 말합니다.

3. 밖으로 나가 풍경화 그리기

    구도와 원근법에 대한 이해가 완료되었다면, 이제는 밖으로 나갈 차례입니다. 5월은 날씨도 따뜻하고 행사도 많은 계절이라 교실에서 수업하기 참 힘든 계절이기도 하죠? 점심을 맛있게 먹고 5, 6교시를 활용하여 운동장 미술 수업을 실시합니다. 준비물은 돗자리, 화판(없다면 고무판이나 종이를 고정할 수 있는 두꺼운 도화지를 활용), 미술 연필, 지우개, 수채 도구 등입니다.

    준비가 다 되었다면, 풍경 그리기를 시작하는데요. 이전에 학생들이 찍었던 풍경이 그대로 보이는 자리에 앉아 그림을 그리게 합니다. 만일 미세먼지 등으로 바깥으로 나가기 어려운 환경이라면, 핸드폰에 찍어 두었던 구도가 드러나는 풍경을 교실에서 보며 그림으로 옮겨도 좋습니다. 교실에서 활동을 진행하는 경우에는 A4용지 절반 크기의 종이를 학생들에게 나누어 준 뒤, 핸드폰에 보이는 대로 그림을 그리게 하면 핸드폰 화면과 종이의 크기가 비슷하여 더욱 쉽게 풍경을 평면으로 옮길 수 있다는 장점이 있답니다.

온라인 수업 상황에서는 가정에서 개별 미술 수업을 진행할 수 있도록 온라인 플랫폼을 통한 충분한 안내가 필요합니다. 온라인 수업 환경에서는 전통적인 원근법 및 풍경화 수업을 듣고 자율적으로 밖으로 나가 풍경화를 그리기 힘든 부분이 있어, 보다 수월하게 어플을 활용하여 풍경화 그리기 수업을 진행하도록 합니다. 이때, 기계와 기술의 힘을 빌려 내가 찍은 풍경을 스케치한 것처럼 자동으로 바꿔 주는 어플을 활용하면 좋습니다.

실제 활동 후기 · 팁

아이들의 핸드폰을 이용하여 미술 수업을 진행하는 좋은 방법을 소개합니다.

우선, 아이들의 핸드폰에 어플을 설치합니다. 이때 'Deep Sketch' 혹은 'sketch Pro' 등의 다양한 어플 중 하나를 선정합니다. 그리고 구도와 원근법이 드러나는 풍경을 사진으로 찍도록 합니다. 그 후 어플을 열고 촬영한 사진을 불러옵니다. HB, B 등 진하기를 조정하고 출력하거나 핸드폰 화면을 보고 실제 종이에 옮겨 그리도록 합니다. 실제 출력한 종이에 먹지를 대고 그대로 옮겨 그려보도록 하는 것도 원근법 자체를 느끼도록 하는 수업 목표를 달성하기에는 충분하다고 생각해요.

| 원본 사진 | HB 모드 | B 모드 |

※ 본 이미지는 'Deep Sketch'어플을 활용하여 직접 제작하였습니다.

자동화된 체육 시간

#담임체육 #자동화 #체육부 #안전의습관화

• • • • • •

    교과 전담 선생님이 체육 과목을 맡아 주시면 한 해 걱정이 덜 하지만, 담임 교사가 체육 과목을 맡게 되면 부담을 갖게 됩니다. 교육 과정을 운영하는 것부터 단위 체육 시간에 루틴을 만들어 자동화시키면 어떨까요?

    학생들이 항상 궁금해하는 내용은 '오늘 체육 시간 뭐 해요?'입니다. 매일매일 공부할 내용이 달라지고 사전에 안내되지 않기 때문이죠. 학생들과 같이 교과서를 넘겨 보면서 한 달 치 시간표를 보기 좋게 정리하는 것은 어떨까요?

통합 교과에서 어떤 내용을 먼저 배울지 순서를 정하는 것처럼 어느 달에 어떤 영역을 배울지 고민해 봅니다. 체육 책에 있는 다양한 영역을 빼놓지 않고 고르게 공부하는 장점도 있습니다. 그리고 교실에서 잘 보이는 위치에 한 달 동안 공부할 내용을 게시하는 것입니다. 뒤에서 다루겠지만 선생님 혼자 준비 물품을 준비할 수 없기에 체육부의 도움을 받을 부분이나 체육이 이루어지는 장소 등도 미리 기재하면 좋습니다.

2021년 5월 체육 수업 계획

날짜	내용	장소	준비물
5/3 월 4교시 체육	축구 드리블, 패스 (교과서 74쪽)	4층 체육관	축구공 8개, 콘 10개, 팀조끼 2종
5/10 월 4교시 체육	골 넣기와 막기 (교과서 78쪽)	4층 체육관	축구공 8개, 콘 10개, 팀조끼 2종
5/12 수 1교시 체육	축구 포지션 익히기 (교과서 82쪽)	운동장	축구공 2개, 콘 4개, 팀조끼 4종, 라인기
5/17 월 4교시 체육	체육 수행평가 (피구 경기)	4층 체육관	안전 피구공 1개, 탱탱볼 1개

자동화된 체육 시간! 이렇게 해요

　체육 수업을 담임 선생님 혼자 준비하기란 쉽지 않습니다. 체육 선생님은 같은 수업을 여러 번 하시기 때문에 한 번 도구를 꺼내 놓으면 계속 활용할 수 있습니다. 선생님은 운동장에 줄도 그려야 하고 도구도 꺼내고, 활동 설명도 하고, 수업이 끝나면 도구 정리도 해야 하기에 역할 분담을 도와줄 체육부원이 필수적으로 필요합니다. 그리고 한 차시의 체육 시간 루틴이 계속 반복되

려면 체육부원들이 자동화되어 이끌어가야 합니다. 체육부는 다음과 같은 일들을 할 수 있습니다.

준비 체조 대형으로 줄 만들기
인원수 세기(앉은 번호 시키기)
준비 체조하기
활동에 필요한 모둠으로 만들기
준비물 분배하기(특히 팀 조끼)
준비물 거두고 제자리에 갖다 놓기
시범 운영하기(활동 모범 보이기, 게임 규칙 설명 등)

· · · · · · · · · · · · · · · · · · 활동 설명 · · · · · · · · · · · · · · · · · ·

담임 체육이 자신 없어지는 이유는 40분을 어떻게 보내야 할지 막막하기 때문이 아닐까요? 한 차시 체육 시간에 정해진 루틴이 있다면 부상도 막고, 알차게 활동을 해낼 수 있을 거예요. 한 차시의 체육 시간은 이렇게 운영됩니다.

· · · · · · · · · · · · · · · · · · 수업 시나리오 · · · · · · · · · · · · · · · · · ·

1. 줄 서기(인원 파악, 아픈 사람 파악하기)

처음 체육 시간을 준비하기 위한 줄로는 남자 2줄, 여자 2줄이 적당합니다. 앉은 번호를 실시하여 모든 인원이 체육 장소에 나왔는지 파악합니다. 체조를 시작하기 전에 오늘 활동에 불편한 점이 있는 학생을 반드시 파악합니다. 몸이 너무 아프거나 더 다칠 수 있는 경우 참관을 하며, 경우에 따라 몸을 크게 움직이지 않아도 참여할 수 있는 심판 역할을 부탁할 수 있습니다.

2. 준비 체조하기(도구 세팅하기)

체육부 학생들의 주도 아래 체조 대형을 만들고 체조를 시작합니다. 선생님이 한 달 정도 같이 체조를 하면 그다음부터는 순서를 외워서 자동으로 체조를 할 수 있게 됩니다. 참고로 선생님은 이 시간에 첫 활동을 위한 도구를 세팅하기도 합니다.

3. 활동 설명하기

오늘 할 활동 내용을 설명합니다. 설명을 듣기 위해 스탠드에 앉게 할 수도 있고, 체육관 바닥에 편하게 앉은 상태로 할 수도 있습니다. 활동 시범을 위해 체육부가 도움을 줄 수도 있습니다. 가장 좋은 활동 설명은 규칙을 설명하고 난 뒤 활동에 바로 들어가는데 '이것은 연습 게임(활동)입니다.'라고 말하는 것입니다. 연습 게임이기 때문에 이기고 지는 것에 대한 부담 없이 활동 내용을 정확하게 익힐 수 있습니다. 활동에서 오류가 생기고 있다면 중간에 활동을 멈추고 부연 설명을 할 수도 있습니다.

4. 활동에 적절한 대형 준비하고 활동하기

활동을 위해 한 모둠에 몇 명씩 할 것인지, 혹은 팀을 나눌 것인지 정합니다. 체육 시간 초기에 줄 서기 연습을 해서 여러 가지 대형을 준비할 수 있습니다. 4명이 1모둠이 되는 경우, 둘씩 짝이 필요한 경우, 수행평가 등을 위해 번호 순서대로 줄을 서야 하는 경우, 키 순서대로 줄을 서는 경우 등 다양한 대형을 미리 연습해 둡니다. 두 팀으로 나눠야 할 때 수준 차이가 비슷하게 될 수 있도록 팀을 짜는 방법도 연구해 보면 좋습니다. 저는 주장을 세우고, 수준에 따라 그룹을 만든 뒤에 그룹에서 한 명씩 팀원을 선택하는 방법도 써 봤습니다. 팀이 나누어지면 자연스럽게 팀 조끼를 입는 습관도 진행을 빠르게 할 수 있는 방법입니다.

5. 활동을 보완하기 위한 회의하기

선생님이 준비한 활동을 하다 보면 활동이 잘 안 될 수도 있습니다. 학생들이 너무 쉽게 도달하거나, 너무 어려워할 때도 있거든요. 때로는 경쟁 활동을 하면서 규칙을 놓고 싸움이 일어나기도 합니다. 이런 경우에는 활동을 잠깐 멈추고 보완하기 위한 회의를 합니다. 3번에서 설명했던 것처럼 모두 스탠드에 앉을 수도 있는데요. 팀 안에서 이야기를 나누어야 한다면 원형으로 둘러앉아도 좋습니다.

6. 활동 재개하기

회의에서 나온 내용을 모두 반영하여 활동을 다르게 해볼 수도 있고, 조금씩 고쳐 나가면서 회의를 자주 하는 방법도 있습니다. 중요한 점은 많은 사람이 다치지 않고 즐겁게 활동하는 방향으로 가야 한다는 점입니다.

7. 자투리 시간 활용하기

활동하다 보면 빠르게 목표를 달성해서 자투리 시간이 생길 수 있습니다. 학생들이 좋아하는 다양한 놀이를 하나씩 준비해서 목록을 만드는 것도 좋습니다. 도구가 많이 필요하지 않은 놀이라면 더욱 좋을 것입니다. 그래서 자투리 시간에는 놀이 목록에서 놀이를 골라서 할 수도 있고, 새로운 놀이를 배울 수도 있습니다. 학생들은 얼음땡 놀이만 해도 즐거워할 수 있습니다.

8. 정리 운동 및 부상자 확인

수업이 모두 끝나면 처음 체조를 준비했던 대형으로 서도 되고, 원형으로 서도 됩니다. 오늘 활동에 대한 내용을 간단하게 정리하고 반응을 봅니다. 정말 재미있었던 활동은 자투리 시간 놀이가 되기도 합니다. 때로는 규칙을 다르게 바꿔 보자는 의견이 나오기도 합니다. 그리고 정리 체조를 2~3 동작 정도로 간단하게 한 뒤, 오늘 활동으로 부상자가 나오지 않았는지 반드시 확인합니다. 이렇게 수업 처음과 끝에 안전을 강조하면 다치지 않게 체육 활동을 하려는 습관이 생깁니다.

9. 도구 정리하기

체육 수업이 끝나고 팀 조끼를 정리하는 일은 모두 협조해야 합니다. 도구 개수를 확인하거나 체육 창고에 정리하는 일은 체육부가 할 수 있습니다. 체육 도구뿐만 아니라 벗어놓은 겉옷, 휴대폰 가방, 실내화 가방 등을 챙기는 일도 필요합니다.

자투리 시간에 해볼 수 있는 놀이 팁을 드리려고 합니다. 제기를 이용한 오재미 놀이, 수건 돌리기, 사방치기 놀이 등이 있는데요. 안전 피구공이 있다면 다양한 피구 게임부터 농구형 게임까지도 가능하답니다. 놀이 도구 없이 운동장에 나와 있다면 달팽이 그림을 그려 놓고 가위바위보 놀이를 할 수도 있고요!

호국보훈의 달! 사회과 연계 수업

#기억의달 #역사를잊은민족에게미래는없다 #교육과정재구성
● ● ● ● ● ●

1급 정교사 연수에서 들었던 기억에 남는 이야기 한 가지를 선생님들께 공유합니다. "초등교사의 전문성에 관해 많은 논쟁이 있다, 초등교사는 스스로 전문가라고 인식하고 있는가?"라는 질문을 받으면 교사 모두가 당연히 "YES"라고 합니다. 그러나 사회에서 '초등교사'의 전문성에 의문을 갖는 몇몇 사람들은 "1+2를 가르치는 게 어떻게 전문가인가요?"라며 의문을 제기하기도 하죠. 이에 대해 뭐라고 대답하면 좋을까요? 네, 많은 선생님께서 알고 계시듯 초등교사는 '교육과정'을 바탕으로 학생들의 학습 수준 및 환경을 고려하여 최대의 교육 효과를 위한 최적의 교수 학습 도구와 방법을 고안 및 활용합니다. 동시에 학생들과 호흡하며 다양한 교수 학습 활동을 진행하지요. 이것이 바로 초등교사의 전문성이라 할 수 있다고 교육받았고, 모든 선생님께서 이러한 전문성을 발휘하고 계신다고 생각해요.

말씀드리고 싶은 것은 '계기 교육' 역시 단순 계기 교육을 넘어 교과와 관련지어 재구성한다면 학생들에게 더욱 풍부한 학습 경험을 제공할 수 있다는 거예요. 학생 입장에서도 별개의 사회과 역사 수업, 계기 수업이 아닌 '과거부터 현재로 이어지는 역사 수업', '우리 주변에 남아 있는 역사의 흔적'을 직접 경험하게 되니, 현재의 생활에서도 역사가 계속 진행되고 있음을 알고, 왜 역사가 중요한지 주체적으로 느끼게 되는 계기가 될 수 있겠죠?

설명이 너무 거창해 보이지만, 그저 사회 수업과 창체 수업을 함께 진행하는 것만으로도 학생들이 충분히 깊은 감정과 나름의 생각을 표현하는 것을 느낄 수 있었습니다.

호국보훈의 달! '사회-창체과 연계' 수업

학기 초 교육과정을 계획할 때부터 창체와 사회를 묶어 시간표를 짜면 좋겠지만, 그렇지 않더라도 할 수 있는 방법은 있답니다. '만들어 가는 교육과정'으로서 형식적 교육과정에 얽매이기보다 아이들이 배우는 역사 수업을 그대로 계기 교육에 녹여낸다는 것이 핵심이죠.

자, 6월은 순국선열과 호국영령의 숭고한 희생정신을 기리기 위한 '호국보훈의 달'입니다. '호국보훈의 달'에 맞게 연계 수업을 진행해 볼까요?

연계 수업을 하기 위한 방식은 어렵지 않습니다. 교육과정을 살펴보고, 다양한 종류의 자료를 활용하여 역사 수업 활동을 진행해 보려 합니다. 구체적인 순서와 방법은 수업 시나리오를 참고해 주세요.

수업 시나리오

1. 교육과정 살펴보기

2015 개정 사회과 교육과정을 살펴보시면 5-6학년의 경우 아래처럼 조선의 건국~대한민국의 근현대사 전 과정에 대해 학습하고 있습니다.

영역	핵심 개념	일반화된 지식	내용 요소
	조선의 건국과 유교 문화의 성숙	성리학을 정치 이념으로 내세운 조선은 유교 정치를 표방하였으며, 이를 바탕으로 문화를 발전시켰다.	· 민족 문화를 지켜나간 조선 (이성계, 세종, 훈민정음)
	전란과 조선 후기 사회의 변동	임진왜란과 병자호란을 거친 조선은 새로운 사회로 변화되었다.	· 새로운 사회를 향한 움직임 (영·정조의 정치)
	개항과 개화파	개항 이후 개화파의 등장으로 근대 개혁이 이루어졌으나 일제의 침략으로 좌절되었다.	· 새로운 사회를 향한 움직임 (근대 개혁)
	일제 식민 지배와 광복을 위한 노력	일제의 지배에 맞서 나라를 되찾기 위한 노력을 하였다.	· 일제의 침략과 광복을 위한 노력

대한민국의 발전	광복 후 대한민국이 수립되었으며, 6.25 전쟁을 거쳐 민주화와 산업화를 이루었다.	· 대한민국의 수립과 6.25 전쟁 · 자유민주주의 발전과 시민 참여
대한민국의 미래	우리나라는 남북통일과 주변국과의 역사 갈등 해소를 통해 평화롭고 번영하는 미래를 추구해 나가야 한다.	· 통일을 위한 노력 · 역사 갈등 해소를 위한 노력과 독도

한국교육과정평가원 <2015 개정 사회과 교육과정> 중 일부 발췌

그중에서도 6월 호국보훈의 달과 관련해서는 무엇보다 6.25를 꼽을 수 있는데요. 6.25의 경우 아래와 같이 교육과정 성취 수준을 확인할 수 있습니다. 전쟁에 관한 역사적 사건인 만큼 광복 이후 6.25 전쟁이 발발하게 된 원인과 그 과정, 피해에 대해 학습할 것을 명시하고 있거든요. 또한, 6.25 전쟁을 설명할 때는 다큐멘터리와 사진 등의 자료를 활용할 수 있음을 보다 명확히 제시하고 있죠.

<대한민국의 수립과 6.25 전쟁>

[6사04-05] 광복 이후 대한민국의 수립 과정을 살펴보고, 대한민국 수립의 의의를 파악한다.
[6사04-06] 6.25 전쟁의 원인과 과정을 이해하고, 그 피해상과 영향을 탐구한다.

· [6사04-03], [6사04-04]에서는 일제의 침략에 맞서 광복을 찾기 위해 노력한 인물의 활동을 살펴본다. 또한 광복 이후 대한민국 수립의 과정 및 의의를 파악하고, 6.25 전쟁의 원인과 과정 및 그 영향을 탐구하도록 한다.
· 광복을 위하여 노력한 인물들의 활동이나 6.25 전쟁을 설명할 때에는 다큐멘터리와 사진 등의 자료를 활용할 수 있다. 또한 학습한 사건이나 인물을 역사 신문의 형식으로 정리하여 발표하게 할 수 있다.

<자유민주주의의 발전과 시민 참여>

> [6사05-01] 4.19 혁명, 5.18 민주화 운동, 6월 민주 항쟁 등을 통해 자유민주주의가
> 발전해 온 과정을 파악한다.
> [6사05-02] 광복 이후 시민의 정치 참여 활동이 확대되는 과정을 중심으로 오늘날
> 우리 사회의 발전상을 살펴본다.

(가) 학습 요소
· 4.19 혁명, 5.18 민주화 운동, 6월 민주 항쟁, 자유민주주의의 발전 과정, 시민의 정치 참여

(나) 성취기준 해설
· 이 단원은 민주화의 역사를 통해 우리나라 민주주의의 발전 과정을 이해하고, 시민의 정
 치 참여로 민주주의가 발전할 수 있다는 사실을 파악함으로써 민주 사회 건설을 위해 노
 력하는 태도를 함양하는 데 주안점을 둔다.
· [6사05-01]에서는 우리나라 민주화의 역사를 통해 민주주의를 발전시키기 위한 시민의
 노력을 파악함으로써 민주 시민으로서 비판 의식을 함양하도록 한다.
· [6사05-02]에서는 광복 이후 시민들의 정치 참여 활동의 모습을 살펴보고 앞으로 우리
 사회를 발전시키기 위해 노력하려는 태도를 함양하도록 한다.

(다) 교수·학습 방법 및 유의 사항
· 다양한 사료를 바탕으로 4.19 혁명, 5.18 민주화 운동, 6월 민주 항쟁의 원인, 과정, 결과에
 대한 이해를 통해 자유민주주의의 발전 과정을 파악하도록 한다. 자유민주주의 발전 과
 정을 통해 얻을 수 있는 시사점을 주제로 토의 학습을 진행하여 비판적 사고 능력을 함양
 하도록 한다.

한국교육과정평가원 <2015 개정 사회과 교육과정> 중 일부 발췌

자유민주주의의 발전에서도 4.19 혁명, 5.18 민주화운동, 6월 민주항쟁으로
이어지는 '원인, 과정, 결과'에 대한 이해를 강조하고 있습니다. 즉, 6월 호국
보훈의 달에는 역사 일대기를 정리하며, 우리가 맞이하고 있는 현재의 사회와
과거의 역사를 이어주는 역할을 하는 것, 그리고 계기 수업이 왜 중요한지를

학생들에게 제대로 인식시켜 주는 것이야말로 바로 저희가 해야 할 역할이 아닐까 합니다.

2. 관련 자료 찾아보기

몽당분필 (https://mdbftv.tistory.com)

참쌤스쿨 (https://chamssaem.com)

이미 많은 선생님들께서 보셨을 소중한 보물 창고가 있습니다. 훌륭하신 선생님들이 자발적으로 모여 연구, 조직, 운영하고 계시는 대표적인 두 가지 컨텐츠 사이트인 '몽당분필'과 '참쌤스쿨'이죠. 인디스쿨에서는 훌륭하신 선생님들의 수업 자료와 아이디어, 여러 행정적인 지혜를 얻고, 계기 교육을 위해서는 '참쌤스쿨'이나 '몽당분필'의 자료를 주로 이용하곤 합니다. 이미 선생님들께서 많이 사용하시는 사이트이고, 그 자체만으로도 훌륭한 자료이지만, 이 장에서 말씀드리고자 하는 바는 바로 연계 및 통합 교육입니다.

> · 광복 이후 시민들의 정치 참여 및 민주화 과정과 관련된 다양한 동영상과 사진 자료, 편지, 육성 자료 등을 학생의 발달 수준을 고려하여 제공한다.
> · 민주화와 관련된 동영상 자료의 경우 학생들의 발달 수준을 고려하여 내용을 이해하기 쉽도록 편집해서 사용하고, 사진이나 편지 등과 같은 자료의 경우 자료에 담긴 의미를 탐색하도록 안내한다.

한국교육과정평가원 <2015 개정 사회과 교육과정> 중 일부 발췌

교육과정에서는 위와 같이 다양한 동영상과 사진 자료, 편지, 육성 자료 등을 학생들의 발달 수준을 고려하여 내용을 이해하기 쉽도록 편집해서 사용할 것을 제시하고 있습니다.

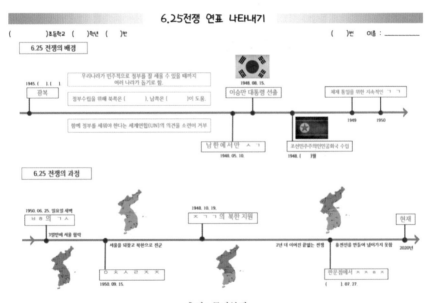

출처 : 몽당분필

초등학교의 수업 방법과 패턴이 그렇듯 앞서 제시한 두 사이트에서도 그 해에 유행인 역사물을 이용하거나 유명 자료를 활용하여 자료를 제작하는 것을 아실 텐데요. 3-4학년의 경우, 보다 쉬운 그림 자료나 애니메이션 자료 등을 활용하면 좋고, 5-6학년의 경우 단순한 계기 교육을 넘어 위와 같은 역사 연표의 교육 자료(몽당분필 학습 콘텐츠)가 조금은 어렵고 딱딱하다 할지라도 교육 과정에 부합하는 내용의 통합 교육(사회과+계기 교육)이 되지 않을까 생각하여 소개해 드립니다.

단, 해당 자료만을 활용하여 6.25를 기리는 활동을 하는 것이 아니라 6.25의 발발 과정과 원인 그로 인한 피해 등 이미 사회과에서 공부했던 내용을 녹여 수업을 진행해 주시는 것이 바로 연계 수업의 포인트라 할 수 있겠습니다. 이때, 제시된 자료를 그대로 사용하셔도 좋겠지만 우리 학급의 학생 수준에 맞도록 자료를 수정 및 추가하거나 기존 수업 자료와 연계하여 사용하시는 것도 수업 시간과 수업의 양, 수업의 깊이를 조절 할 수 있는 선생님만의 수업 비법이 될 것입니다.

아래 자료는 '참쌤스쿨'의 '제시의 일기'입니다. 실제 독립운동가 자녀를 인터뷰한 내용을 애니메이션으로 옮겨 놓은 아주 훌륭한 자료인데요. 이러한 자료를 동기 유발 자료 혹은 본 학습 활동 자료로 사용하면 더욱 좋으리라 생각됩니다.

참쌤스쿨 애니메이션 <제시의 일기>

온라인 활동이라고 해서 평소 수업과 다를 바 없다는 것은 선생님들께서 더 잘 아시리라 생각됩니다. 저는 기본 틀로 구글클래스를 사용했기에 구글 사이트 도구 및 설문지를 참 많이 이용했답니다.

또한 라이브워크시트, 구글 문서(설문지, 프레젠테이션, 문서, 잼보드) 등의 활용 방법은 유튜브 및 블로그 검색을 통해 자세히 캡처된 사진과 영상이 기재된 상세한 이용 방법을 확인하실 수 있어요.

3. 수업 진행 - 동기 유발하기

동영상을 보며 동기를 유발합니다. 이때의 동영상은 호국보훈의 달 관련 역사물, 애니메이션, 드라마 등 다양한 영상을 포함합니다.

4. 수업 진행 - 주제 활동하기

동영상을 시청했다면, 연표 학습지, 임시정부 인물 업적 카드 살펴보기, 역사 일기 쓰기 등 추후 활동으로 진행할 학습지를 마련하여 배부합니다. 참고로 등교일에 학습지로 배부하셔도 좋고, 배부가 어려운 경우에는 학습지를 보고 공책에 학습지 활동을 할 수 있게끔 안내합니다. 이 때, 사회 시간 학습 내용과 연계하여 계기 교육을 진행한다면 진정한 교과 + 계기 수업의 통합·연계가 이루어지겠죠?

5. 결과물 공유하기

이후 온라인 실시간 수업을 통해 학생들의 결과물을 공유하는데요. 학생들에게 자신의 결과물을 설명하도록 하거나, 소회의실을 열어 학생들끼리 서로의 작품에 대해 이야기 나누고 감상하도록 합니다. 교과서 속 지식이 아닌, 스스로 역사적 사실에 대해 고찰해 본 뒤 드는 자신의 생각을 친구들과 공유하는 것 그 자체로 아주 훌륭한 사회과, 계기 수업의 연계가 되지 않을까 싶어요.

실제 활동 후기 ı 팁

온라인 학습지를 제작하는 데에 어려움을 느끼시는 선생님이 계실 수 있을 것 같아, 구글 설문지로 온라인 학습지를 제작하는 팁을 드리고자 합니다.

구글 설문지는 학생들이 제출한 통계 자료를 한눈에 볼 수 있다는 장점이 있어요. 물론, 회수하여 통계를 내야 하는 가정통신문의 경우는 구글 설문지로 만들어 학부모님께 링크를 보내면, 제출된 응답을 개별 확인할 수 있을 뿐만 아니라 자동으로 통계를 낼 수 있어 수합에 편리하다는 점이 가장 큰 장점이기에 학습 과제 확인을 위해 사용하기보다 통계를 위한 활동에 많이 이용되기도 하죠. 하지만 학습활동 역시 구글 설문지를 이용하여 자유롭게 활용할 수 있음을 선생님들께 말씀드리고 싶어요.

자, 우선 구글 설문지를 통해 질문하고자 하는 내용에 어울리는 형식을 선택하여 기초 설문지 형식을 구성합니다. 이때 섹션 구분을 통해 '인적 사항 입력'을 담당하는 섹션으로 구성할 수도 있습니다.

다음 섹션에는 학습 목표 혹은 학습 주제가 드러나는 관련 영상을 넣고 질문을 추가합니다. 그리고 다운로드 받아 놓은 학습지 파일을 추가한 뒤, 학습지 빈칸에 들어갈 순서에 맞도록 보기를 설정합니다.

[섹션 1. 인적 사항 입력]

[섹션 2. 학습 활동 제시]

학습 활동① - 동기 유발을 위한 영상

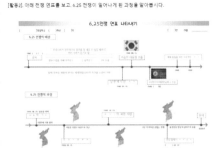

학습 활동② - 학습지(그림 파일)가 추가된 모습

학습 활동② - 보기 설정
: 학습지 빈칸을 채울 때 사용되는 보기 구성하기

공복부터 현재까지 들어갈 내용을 아래 빈 칸에 순서에 맞도록 표시해 봅시다. *

	1945.08.15	소련, 미국	선거	경제	공산	인천상륙작전
1번	☐	☐	☐	☐	☐	☐
정부수립을...	☐	☐	☐	☐	☐	☐
남한에서만...	☐	☐	☐	☐	☐	☐
체제 통일을...	☐	☐	☐	☐	☐	☐
ㅂ북의 ㄱㅅ	☐	☐	☐	☐	☐	☐
ㅇㅈㅅ씨씨ㅈ	☐	☐	☐	☐	☐	☐

'체크박스 그리드 설정' 시 학생에게 보이게 되는 문제 화면

'체크박스 그리드'로 설정하였을 경우, 역사적 사건을 발생한 시간 순서대로 나열하게 할 수 있는 장점이 있습니다.

[섹션 3. 느낀 점 쓰기]

'느낀 점 쓰기' 만드는 과정

문제 화면까지 완료됐다면, 이제 마지막 섹션을 설정하고 학습 활동을 마무리하며 6.25에 대해 공부하고 난 뒤 느낀 점을 써 볼 수 있게끔 설정합니다.

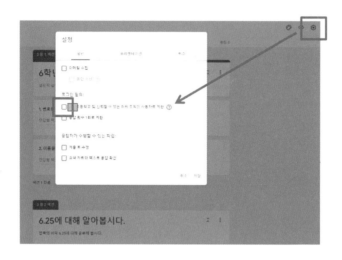

설문지가 완성되면, 최종 권한 설정을 하는데요. '학생 로그인 없이 설문 응답하기'를 원하는 경우에는 '체크박스를 해제'하여 저장하고, '로그인하여 설문 응답하기'를 원하는 경우에는 반대로 '체크박스를 설정'하여 저장합니다.

완성 화면① - 개인 정보 입력

학습 활동① - 동기 유발 영상 보기

[활동2] 아래 전쟁 연표를 보고, 6.25 전쟁이 일어나게 된 과정을 알아봅시다.

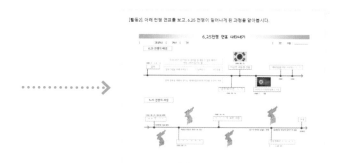

학습 활동② - 6.25 ~ 현재까지 역사 연표 작성하기

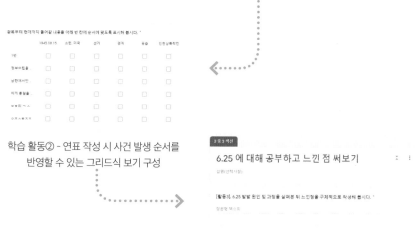

학습 활동② - 연표 작성 시 사건 발생 순서를
반영할 수 있는 그리드식 보기 구성

3장3 백산

6.25 에 대해 공부하고 느낀 점 써보기

[활동3] 6.25 발발 원인 및 과정을 살펴본 뒤 느낀점을 구체적으로 작성해 봅시다.

학습 활동③ - 느낀 점 써 보기

자, 설문지 완성입니다! 열심히 만든 설문지로 학생들과 뜻깊은 수업 시간을 보내시기를 바랍니다.

 참고 자료

· 에듀넷 티클리어, 별책7_사회과 교육과정(제2015-74호), https://www.edunet.
net/nedu/ncicsvc/listSub2015Form.do?menu_id=623.

5~6월 | 행사

오늘은 어린이날 우리들 세상

#5월5일 #어린이날 #창체 #그림선물 #손편지
● ● ● ● ● ●

  뉴스를 보면 가장 행복해야 할 가정에서 행복하지 못한 어린이들이 많다는 소식을 듣게 됩니다. 학교 현장에 있다 보면 사랑받고 싶어 하는 학생들이 종종 보이는데요. 그럴 때 더욱 어린이날에 대한 의미를 생각해 보게 되는 것 같아요. 그런 취지에서 의미 있는 활동을 해 보고자 합니다.

어린이날? 뭐니 뭐니 해도 '아이들'이 신나야

5월 5일 '어린이날'! 바로 우리 반 아이들을 위한 날입니다. 매년 이날만 되면 '어떤 활동을 해야 우리 아이들이 좋아할까?' 하는 고민에 빠지곤 하는데요. 저의 경우, 어린이날 기념 학급 활동을 2시간 정도 하기 위해 계획했던 적이 있습니다. 이때, 구체적인 활동이 아닌, '시간' 정도만 계획했던 기억이 나요. 교사가 하고 싶은 활동이 아닌, 아이들이 하고 싶어 하는 활동을 해야 의미가 있다고 생각했기 때문이었죠. 어린이날 기념 학급 활동의 필수 조건은 바로 '아이들이 좋아하는 것'이 아닐까요?

활동 설명

그렇다면, 어린이날 기념 우리 반만의 학급 활동을 위해 어떠한 순서로 수업을 진행해야 할까요? 아이들을 대상으로 한 설문 조사, 실내 및 실외에서의 다양한 활동 진행, 어린이날의 취지를 살리는 교실 수업 진행, 활동지 작성, 선물 이벤트 기획 및 실행 등의 순서로 진행하시면 되겠습니다.

활동 시나리오

1. 어린이날 기념 학급 활동 선정을 위한 설문 조사

어린이날 기념 학급 활동 선정을 위해 가장 먼저 해야 할 일은 아이들에게 설문을 받는 거예요. 참고로 4학년 학생들에게 설문 조사를 했을 때 2시간 동안 가장 하고 싶은 활동으로 체육 활동, 퀴즈 활동, 영상 보기 활동 등이 나왔는데요. 체육 활동의 경우 구체적으로 피구, 이어달리기가 가장 많이 나왔답니다. 또 퀴즈 활동과 영상 보기 활동이 비슷한 숫자로 나왔고요. 이때, 학생들의 의견을 최대한 반영하고자 40분을 반으로 쪼개어 퀴즈 활동 20분, 영상 보기 20분을 진행했습니다.

🖥 온라인 상황에서는

어린이날 기념 학급 활동을 정하기 위해 온라인 설문을 진행할 수 있습니다. 온라인으로 설문을 받으면 응답의 통계를 금방 알 수 있다는 장점이 있어요. 다른 학생들이 어떤 응답을 고르는지 눈치 보지 않고 편하게 고를 수 있다는 장점도 있고요.

아래에 있는 링크 또는 오른쪽의 QR 코드로 들어가면 설문지 양식을 활용하실 수 있습니다.

https://url.kr/9jbn2v

2. 어린이날 기념 다양한 학급 활동하기

설문 조사 결과를 바탕으로 어린이날 기념 학급 활동을 선정했다면, 실행에 옮겨야지요! 교실 및 야외에서 할 수 있는 학급 활동에는 여러 가지가 있는데요.

우선, 보물찾기나 알뜰 장터(벼룩시장) 같은 활동을 생각해 볼 수 있습니다. 현재는 코로나19로 인해 어려움이 있을 수 있겠지만, 요리 활동이나 과자 파티와 같은 활동도 어린이날 단골 활동이었던 기억이 나네요.

체육 활동 또한 어린이날에 많이 할 수 있는 활동입니다. 운동장에 나가 반환점을 돌아오는 경기나 장애물 달리기, 2인 3각, 민속 놀이는 아이들이 땀을 흘리며 신나게 몸을 움직일 수 있기에 좋죠. 그 외 비눗방울 놀이나 바람개비, 종이비행기 날리기 활동도 참 재미있습니다.

굳이 운동장에 나가지 않더라도, 교실 내에서 할 수 있는 재미있는 놀이도 많습니다. 어른 와이셔츠를 준비해서 제한 시간 내에 와이셔츠 단추 빨리 채웠다가 풀기, 이구동성, 스피드 게임, 몸으로 말해요 등 다양한 놀이 활동을 교실 안에서 즐길 수 있어요.

온라인 상황에서는

허승환 선생님께서 6학년 밴드에 공유해 주신 방탈출 게임이 있습니다. 방탈출 게임을 줌의 소회의실 기능 등을 활용하여 모둠별로 진행한다면 즐거움과 배움을 동시에 잡을 수 있습니다.

아래에 있는 링크 또는 오른쪽의 QR 코드로 들어가면 방탈출 게임을 활용하실 수 있습니다.

https://url.kr/efavro

3. '방정환이 누구야?' 어린이날의 취지 알기

어린이날의 의미를 되새겨 볼 수 있도록 방정환 선생님에 대해 배우고, 방정환 선생님의 동화를 읽어보는 활동도 생각해 볼 수 있습니다. 방정환 선생님은 이야기를 기가 막히게 잘하셨다고 해요. 심지어 이야기를 듣는 어린이들이 화장실을 가는 것도 참고 이야기에 집중할 정도로 재미있었다고 합니다. 이렇듯 방정환 선생님처럼 재미있는 이야기를 들려주는 것도 의미 있답니다.

4. 어린이날 기념 활동지 작성하기

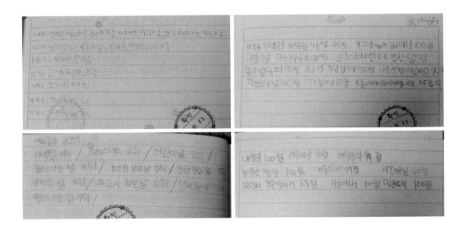

그 외 활동지로 어린이날 활동을 하는 것도 좋습니다. 예로, 학생들이 원하는 어린이날을 만화로 그려 보거나 미래 일기를 써 보는 활동을 들 수 있죠. 저는 어린이날 전날 아침 글쓰기 주제로 '나에게 특별한 기념일'을 제시했는데요. 많은 학생들에게 어린이날은 자신의 생일에 버금가는, 1년 중 가장 특별한 날임을 알 수 있었습니다.

5. 아이들을 위한 선물 이벤트

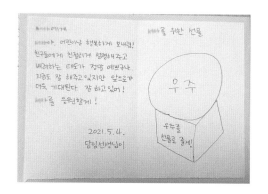

어린이날에 선물을 생각하지 않을 수 없죠. 동 학년이 있다면 동 학년에서 같은 내용으로 선물을 준비합니다. 학급 운영비를 사용해야 하고, 배송에 시간이 걸리기 때문에 미리 주문하는 것이 현명합니다.

이전에 학생 설문을 통해 어린이날에 받고 싶은 선물과 듣고 싶은 말(학생이 좋아하는 말이나 선생님께 듣고 싶은 말)을 조사한 적이 있는데요. 카드를 30개 가까이 만들어야 하는 수고로움이 있었지만, 카드에 손글씨로 듣고 싶은 말을 써주고, 받고 싶은 선물을 그림으로 그려 줬었습니다. 시간은 정말 오래 걸렸지만, 학생들이 기뻐하는 모습이 정말 보기 좋더라고요.

실제 활동 후기ㅣ팁

어린이날 손편지는 학생들은 물론 학부모님 사이에서도 오래도록 회자됐는데요. 학교를 다니며 담임 선생님의 손편지를 받아본 경험은 처음이라는 반응이었습니다. 더 재미있는 사실은 나중에 마니또(비밀친구) 활동을 했을 때 친구에게 선물을 그림으로 그려서 주는 것에 익숙해진 것이었어요. 종이에 그려진 그림에 정성이 담겨 있다는 마음이 통했던 것이었을까요? 심지어 어떤 선물은 자세히 그리기 힘들어서 상자를 그려 놓고 이 안에 담겨 있다고 표현했는데도, 손편지를 받은 학생은 그것도 마음에 든다고 표현해 줬답니다. 학급비로 마련한 작은 선물보다 오래 기억되는 의미 있는 선물이었습니다.

각종 기념의 날, 상장·감사장 만들기

#5월가정의달 #어린이날 #어버이날 #스승의날 #상장 #감사장
● ● ● ● ●

5월은 가정의 달! 여러 기념일이 있죠. 대표적으로 어린이날, 어버이날, 스승의날이 있어 아이들과 함께 그 날을 기념하고, 감사하기 위한 많은 활동을 할 것입니다. 코로나19 상황이라고 그냥 지나쳐 버리면 누군가는 서운해할 수 있는 날인 만큼, 온·오프라인 구별 없이 가능하고 더 나아가 아이들의 재치까지도 엿볼 수 있는 활동이 있는데요.

바로, 상장 만들기입니다! 어떤 기념일이든 적용해서 만들 수 있고, 감동도 웃음도 선사할 수 있는 활동이죠. 지금부터 한번 만들어 볼까요?

'어린이날 기념' 셀프 상장을 만들어요

  아이들에게 있어 어린이날은 정말 중요한 날임과 동시에 가장 기쁘고 행복한 날일 것입니다. 어린이날의 주인공은 바로 어린이 자신이겠죠? 스스로가 존엄성과 권리의 주체, 존중받을 존재라는 것을 인식하고, 자신을 칭찬하고 인정해 주는 것이 무엇보다 중요하다고 생각합니다. 단순히 선물을 받거나 축하를 받는 것보다 아이 스스로 자신을 인정하고 성찰해 볼 수 있는 시간이 필요할 거예요.

활동 설명

  이 활동은 도덕, 진로 활동과 연계하여 '자신에 대한 이해'를 배울 수 있어요. 우선, 아이가 스스로 자신에게 칭찬할 만한 점, 자랑하고 싶은 점, 인정받고 싶은 점을 생각하도록 합니다. 그 후 자신에게 주고 싶은 상장을 만들어 직접 표현하고, 친구들과 나눕니다.

활동 시나리오

1. 준비하기

  교사는 상장 양식과 색 도화지(A3 사이즈)를 준비합니다. 도화지 색깔은 통일

하든, 혹은 다양하게 준비하여 선택하도록 하든 상관없습니다. 학생들은 만들고 꾸미기 위한 크레파스, 색 사인펜, 가위, 풀 등을 준비합니다.

상장 양식

응용 가능한 상장 양식

아래에 있는 링크 또는 오른쪽의 QR 코드로 들어가면 상장 양식을 활용하실 수 있습니다.

https://bit.ly/2UJqmg3

2. 자기 성찰하기

아이들은 먼저 자기 자신에 대해 성찰하는 시간을 가집니다. 백지 노트를 준비하여 자신이 가진 장점 3가지 이상, 친구들에게 자랑하고 싶은 것 1가지,

최근 뿌듯하고 보람 있던 일, 자신이 남들보다 조금은 더 잘하는 점, 친구들이 나를 부러워하는 점 등을 스스로 생각해 봅니다. 이때, 그저 생각나는 대로 써 내려가도 좋아요. 교사가 위 문항으로 활동지를 만들어서 제공해도 좋고요. 자신에 대해 조금 더 알아 가는 재미도 느끼고, 자존감 또한 높아질 것입니다.

3. 상장 만들기

선생님이 준비한 상장 양식을 활용하여 자기 자신에게 주고 싶은 상장을 만듭니다. 상의 이름을 재치 있는 문구로 만드는 것도 하나의 재미있는 요소가 될 거예요. 상장 내용에 상장을 받는 이유를 구체적으로 적을 수 있도록 조언해 주면 더 좋습니다. 상장 마지막 부분에 이름을 적고, 아이의 서명이나 엄지손가락으로 지장을 찍어서 줍니다. 그리고 상장 표지를 만들기 위해 준비한 색 도화지를 반으로 접고, 오른편에 상장을 붙입니다. 마지막으로 크레파스나 색연필, 사인펜으로 예쁘게 상장을 꾸며주어 마무리합니다. 이미 만들어진 상장을 사전에 예시로 보여 준다면 아이들에게 큰 도움이 될 거예요.

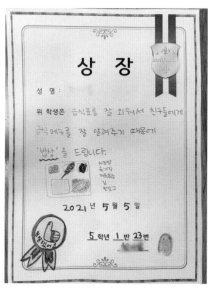
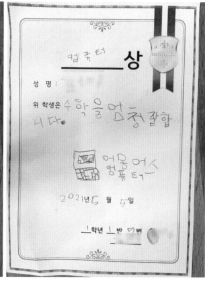

'어버이날, 스승의날 기념' 감사장을 만들어요

　어린이날만큼이나 중요한 기념일이 있으니, 바로 어버이날, 스승의날입니다. 이날만큼은 반드시 아이들이 부모님, 선생님께 감사함과 존경심을 표현하도록 분위기를 만들어 주는 것이 정말 중요한데요. 보통은 카네이션을 만들거나 감사 편지를 쓰는 경우가 많지만, 이번에는 특별히 감사장을 만들어서 더욱 재미있고 의미 있는 감사 표현을 해 보는 건 어떨까요?

- **활동 설명** -

　이 활동은 국어 수업에서 제시하는 '읽는 이를 고려하여 자신의 마음을 표현하는 글을 쓴다'는 성취 기준에 맞추어 볼 수 있으며, '내 마음 전달하는 감사 편지 쓰기'와도 연계할 수 있습니다. 참고로 앞서 소개한 어린이날 셀프 상장 만들기와 방법은 거의 동일합니다. 다만, 자기 자신이 아닌 부모님이나 선생님을 대상으로 만든다는 것이 다른 부분이죠. 아이들이 평소 감사의 마음을 표현하고 싶은 대상을 선정하여 감사의 내용을 담아 만들고, 직접 전달하도록 하는 활동입니다.

1. 준비하기

교사는 상장(감사장) 양식과 색 도화지(A3 사이즈)를 준비합니다. 도화지 색깔은 통일하든, 다양하게 준비하여 선택하도록 하든 상관없습니다. 학생들은 만들고 꾸미기 위한 크레파스, 색 사인펜, 가위, 풀 등을 준비합니다.

감사장 양식

아래에 있는 링크 또는 오른쪽의 QR 코드로 들어가면 감사장 양식을 활용하실 수 있습니다.

https://bit.ly/2UJqmg3

2. 발표하기

누구나 그렇듯 아이들 역시 남에게 표현하는 것이 서투르죠. 감사장을 만들기 전에 본인이 감사해야 할 대상을 말하고 감사한 점을 발표해 보도록 합니다. 친구들 앞에서 감사 내용을 발표하면 더욱 자신감 있게 감사장을 만들 수 있을 것이고, 발표를 못 했더라도 다른 친구의 발표를 듣고 참고할 수 있답니다.

3. 감사장 만들기

어린이날 기념 셀프 상장 만들기와 동일한 방법으로 진행합니다.

💻 온라인 상황에서는

미리캔버스로 제작한 상장 양식을 전달하기 위해 '복제 가능'을 체크하고 링크 주소를 생성합니다. 아이들은 공유 링크를 통해 상장 양식을 복제해서 사본으로 가져가도록 합니다. 그리고 미리캔버스에서 자기 자신에게 주는 상장, 감사함을 표현하고 싶은 사람에게 수여하는 상장이나 감사장을 직접 만들도록 안내합니다. 본인이 만든 것을 패들렛에 공유하며 활동 소감을 발표할 수 있고, 친구들이 게시한 상장을 보고 공감 표시를 하거나 댓글로 칭찬해 줄 수 있어요.

　자기 자신에 대한 상장을 만들었다면, 친구를 칭찬하는 상장을 만들어 보는 것도 좋습니다. 동시에 상장을 받아볼 친구의 기분을 생각하며 만들어 보자고 언급해 주면 좋아요. 좋아하는 친구를 자유롭게 골라서 만들게 하면 소외되는 친구가 있을 수 있으니, 제비뽑기 등의 추첨 방식으로 대상을 정하는 것도 좋은 방법입니다. 혹시 짝이 없는 학생이 생길 경우에는 교사가 짝이 되어 줄 수 있습니다.

　감사장을 만들 때는 편지도 함께 써주면 좋아요. 예를 들어, 감사장 표지 안에 왼쪽은 감사장, 오른쪽은 예쁜 편지지에 편지를 써서 붙여 주면 받는 사람의 감동은 배가 되겠죠?

우리반 학예회! '꿈·끼 탐색의 날'

#진로연계 #나는할수있어 #너도할수있어 #취미가득 #자율성 #꿈끼탐색
● ● ● ● ● ●

　선생님들께서는 창의적 체험 활동에 있는 진로 활동 영역을 어떻게 지도하시나요? 사실 초등학교의 경우, 중·고등학교처럼 진로 교과 및 교과서가 따로 있지 않죠. 하여 실과와 연계한 진로 수업이나 현장 체험 학습을 활용한 직업 체험관 견학, 담임 교사 재량의 진로 수업, 학교 자체 행사로 계획되는 지역사회 인사 활용 명사 초청 강의 등을 활용하시리라 생각됩니다. 따라서 다소 형식적이고 직업 체험 일색이었던 진로 수업이 아닌 학생들의 흥미와 끼, 적성을 뽐내고 공유했던 학생 주도적 활동을 선생님들과 공유하고자 합니다. 참고로 이는 저만의 독창적인 아이디어가 아닌, 학교 교육 과정에 포함되어 진행되었던 행사임을 미리 밝힙니다. 다만, 어느 행사이든 교사의 운영 방식에 따라 아이들에게는 보다 다양한 모습과 울림으로 전달될 수 있으리라 생각해요. 교육과정의 취지를 살리되 불필요한 형식 요소는 빼고, 아이들이 자발적으로 참여하여 끼를 나누고 축제처럼 즐길 수 있었던 '꿈·끼 탐색 주간 행사'를 선생님들께 공개합니다.

우리반 학예회 '꿈·끼 탐색의 날'

제가 근무했던 학교는 학교 단위로 한 학기 1회씩 학급에서 학생들의 꿈과 끼를 뽐내는 주간을 운영했는데요. 학부모에게 강제 공개되는 학예회가 아닌, 학급 내 행사였기에 교사와 학생 모두에게 큰 부담이 없었던 것이 사실입니다. 하지만 형식적인 행사가 아닌 보다 기억에 남는 이벤트로 진행되도록 프로젝트 수업처럼 일주일 전부터 '꿈·끼 탐색 주간'을 공지하고 준비하도록 했으며, 친구들 앞에서 자신의 장기를 뽐낼 수 있는 소중한 시간임을 설명했죠. 아무리 보잘것없는 장기라도 다른 친구들에게는 없는 '나만이 가지는 특기'가 될 수 있음을 강조하고, 신청자를 모집한 뒤 준비 기간을 주었습니다. 그리고 그 주의 마지막 날에 친구들 앞에서 발표회를 가졌어요.

문제는 우리 6학년 언니 오빠들이 아무도 지원하지 않으려 했다는 점이었는데요. 그럴 때 교사의 당근과 채찍이 필수였겠죠? 이때는 먼저, 이런 기회가 흔치 않은 기회임을 알려 줍니다. "나중에 여러분이 원하는 유튜버나 가수 등이 되기 위해서는 기회가 있을 때 무대에 서 봐야 한다. 그래야 나중에 더 큰 기회를 놓치지 않을 수 있다."라고 말해 주기도 하고요. 저의 경우는 "이번 주운동장 수업(혹은 실과 시간 컴퓨터실)에서 자유 시간을 주려 했는데…"라며 말 끝을 흐리거나, 참가자에게는 아주 특별한 선물이 있다며 학생들의 참여를 유도하기도 했어요. 이런 운영 방법 때문인지 소소하지만 다양한 사례가 발표됐었고, 발표하는 친구와 듣는 친구들 모두 즐겁게 참여할 수 있었습니다.

코로나19 이전 등교 수업 때도, 그리고 코로나19 이후 온라인 수업으로도 우리 학급의 작은 이벤트로 운영했던 '꿈·끼 탐색의 날'! 저의 사례를 선생님들께 공개합니다.

활동 설명

'꿈·끼 탐색의 날' 활동은 포스트잇을 활용하여 사전 창체 활동으로 우리 학급 학생들의 장점을 떠올려 보고 탐색하도록 진행합니다. ① 나의 장점 적어 보기 ② 친구의 장점 적어 보기를 통해 스스로가 잘하는 것은 무엇인지 떠올려 보도록 하고, 내가 모르는 나의 장점을 친구를 통해 발견하도록 합니다. 그리고 점심 시간이나 쉬는 시간, 도덕 시간, 창체 시간의 자투리 시간을 활용하여 '재능기부 - ○○○의 활동 나눔'을 통해 각자의 장점을 짧은 시간이나마 공유하고 경험하도록 합니다. 마지막으로 꿈·끼 탐색 주간을 안내하고 사회자를 선정해요. 참여자들은 보다 긴 시간을 할애하여 끼를 뽐낼 수 있음을 안내하며 그 주의 마지막 날 행사를 실시합니다.

1. 포스트잇을 활용한 사전 창체 활동 진행하기

관심 있는 분야, 혹은 '다른 친구들보다 이것만은 자신 있다!' 하는 것을 포스트잇에 적도록 합니다. 단, 학교에서 가능한 활동으로 적도록 합니다. 이때 한 가지만 적어도 좋고, 여러 개의 포스트잇을 사용하여 다양하게 적어도 좋습니다. 작성한 포스트잇은 칠판에 붙이게 해 주세요. 그리고 칠판에 붙은 포스트잇을 비슷한 종류별로 무리 짓습니다.

온라인 상황에서는

학급 온라인학습방 및 실시간 수업 시간을 활용하여 교실에서 이루어지는 활동을 그대로 안내합니다. 포스트잇의 경우, 구글 잼보드나 패들렛을 활용하면 교실에서 이루어지는 활동을 온라인 학습에서도 실행할 수 있습니다. 또한, 등교일을 활용하거나 온라인 수업 중 남는 자투리 시간을 활용하여 'OOO의 재능 기부 시간'을 학생들끼리 진행하도록 소회의실을 활용합니다. 마지막으로 꿈·끼 탐색의 날 역시 학생들이 진행한 프로젝트를 사진 혹은 영상으로 찍어 학급 게시판에 올리도록 하여 학생들의 다양한 끼를 공유하도록 합니다.

2. '활동 나눔'을 통해 창체 활동 실행하기

사전 창체 활동으로 진행된 다양한 종류의 포스트잇 내용을 학생들에게 소개하고, 비슷한 내용끼리 묶어 분류합니다. 이때 칠판에 붙은 포스트잇을 소개하고 비슷한 종류로 분류하는 일련의 활동을 교사가 진행할 수도 있지만, 도우미를 모집하여 진행하면 더 재미있는 학생 주도의 활동으로 진행됩니다.

그리고 다양하게 분류된 활동 중 자원하여 친구들에게 나의 장기를 소개하고 알려 줄 수 있는 '○○○의 재능 기부' 학생을 선정합니다. ○○○ 학생에게 해당 활동을 배우고 싶은 친구들은 해당 주제가 붙어있는 포스트 잇 아래에 자신의 이름을 적도록 합니다.

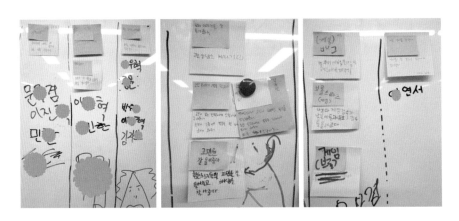

마지막으로, 해당 재능을 친구들에게 공유하도록 스케줄을 정합니다. 교사는 안내판을 제작하여 해당 요일에 재능 기부 안내판을 칠판에 붙여 '재능기부 활동 나눔'을 안내합니다.

오른쪽은 스케줄 안내판의 예시입니다. 칠판에 '오늘의 활동 나눔'을 붙이고, 그날의 활동 및 내용을 기재하고 안내합니다. 그 후 활동 나눔 예고대로 활동을 진행합니다.

3. 꿈·끼 탐색 주간 안내 및 실시하기

학급에서 자율적인 활동 나눔이 이루어지는 시기에 그 주 마지막 날에 있을 꿈·끼 탐색 주간 행사에 대해 안내하는데요. 지금 진행하고 있는 활동 나눔 혹은 다른 주제의 활동을 우리 반 전체 친구들과 함께 나누게 됨을 안내합니다. 이때, 학생들이 실제 교실 앞에 나와서 하게 해도 좋고, 영상을 찍어 보여 주도록 해도 좋아요.

활동 진행자로 자원한 학생들

마술을 뽐내는 학생

즉흥적으로 참여한 학생

슈팅하는 모습을 촬영한 축구부 학생들

피아노 연주 영상을 촬영해 온 학생

📁 온라인 상황에서는

온라인으로 학생들에게 과제를 안내합니다. 저의 경우 구글 클래스 - 구글 사이트 도구를 활용하여 안내했습니다.

아이들의 과제 제출이 완료되면, 특정 요일을 정하여 줌 등 실시간 소통 플랫폼을 통해 아이들이 올린 게시물을 공유합니다. 이때, 꼭 '초상권'에 대해 미리 안내합니다. 그림이나 사진 영상 모두 학급 게시판에 올리도록 하여 실시간 수업 중 반 전체 친구들에게 쉽게 다른 친구들의 결과물을 공유할 수 있어요.

집에서 완성하여 학급 게시판에 업로드 한 미술 작품 예시

리코더 연주와 같은 영상은 용량 문제로 패들렛에 업로드되지 않아 줌 등 실시간 소통 플랫폼 혹은 영상이 담긴 주소를 통해 공유합니다.

리코더 연주를 영상으로 찍어 공유한 학생들

실제 활동 후기ㅣ팁

'꿈·끼 탐색 활동을 온라인으로 어떻게 진행해야할까?' 고민이 많았지만, 학생들이 온라인으로 과제를 업로드하는 것에 많이 익숙해져 있다 보니, 꿈·끼 탐색 주간 행사 역시 처음 했던 걱정보다는 수월하게 진행될 수 있었습니다.

오히려 교실에서는 많은 친구들 앞에서 발표하기가 어려워 정작 뛰어난 재능이 있어도 발표를 꺼리던 학생들이었지만, 집에서 편하게 자신의 결과물을 촬영하여 올리다 보니 생각보다 많은 학생들의 재능이 공유되는 장점이 있었던 꿈·끼 탐색 주간이 됐습니다.

7~8월 | 수업

영화로 하는 환경 교육

#환경교육 #영화 #환경지키기 #환경보호약속게시판

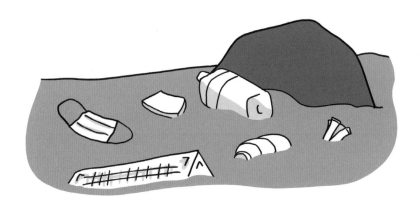

영화는 우리가 쉽게 접할 수 있는 매체입니다. 흥미를 유발하기에 좋은 제재이기도 하죠. 특히 애니메이션은 초등학생의 발달 단계에 맞춰 좋은 교육 자료로 활용할 수도 있고요.

'벼랑 위의 포뇨'는 주인공 포뇨가 인간이 사는 육지가 궁금해서 해파리를 타고 육지로 올라오는 것에서부터 시작하는데, 포뇨가 육지에 가까워졌을 때 처음 만나는 것은 거대한 쓰레기 더미였습니다. 쓰레기 더미 속에서 괴로워하다가 버려진 유리병에 갇히게 되죠. 이때 인간인 소스케가 유리병에 갇힌 포뇨를 구해 주게 되며 이야기는 전개됩니다.

'바람 계곡의 나우시카'는 거대 산업 문명이 붕괴되고, 천년의 세월이 지난 후 황폐해진 대지와 썩은 바다, 부해라고 불리는 유독한 독기를 내뿜는 숲이 확장되고 있는 상황 속에서 나우시카 공주가 용기와 희생으로 환경과 상황을 바꿔 가는 이야기를 담고 있습니다.

이 두 영화를 관통하는 주제인 '환경 파괴에 대한 경고 및 환경 보호'에 관해 환경 교육의 주제로 삼으면 좋겠다고 생각했고, 저학년용 수업과 고학년용 수업 두 가지로 계획해 봤습니다.

영화로 하는 환경 교육

혹자는 환경 교육에 대해 이렇게 이야기합니다. 환경 교육은 이제 '생존'과도 직결되는 '생존 교육'이라고요. 마스크를 쓰고 생활하고 있는 현재 우리 삶의 모습 또한 과거에 암울한 미래를 주제로 한 영화와도 닮았다는 것이 더욱 경각심을 갖게 합니다.

사실 학생들은 환경 파괴나 환경 보호에 대해 크게 경각심을 갖지 않아요. 아직은 체감하지 못하기 때문이지요. 하지만 영화를 통해 환경 교육을 하게 되면, 이전에는 미처 생각하지 못했던 환경 파괴 등의 문제 상황을 깨닫는 데 도움을 줄 수 있습니다.

영화로 하는 환경 교육은 다음과 같은 순서로 이루어집니다.

① 환경을 주제로 한 영화를 선정하여 감상합니다.
② 영화를 깊이 이해하기 위해 생각 나누기를 합니다.
③ 활동지를 통해 내 생각을 정리하고 환경 보호를 위한 다짐을 합니다.
④ 우리 반 환경 보호 약속 게시판에 환경 보호를 위한 다짐을 공언함으로
써 생활 속에서 실천하고 습관화할 수 있도록 이끕니다.

수업 시나리오

1. 환경을 주제로 한 영화 감상하기

환경을 주제로 한 영화는 다양하지만, 앞서 소개한 '벼랑 위의 포뇨'와 '바람
계곡의 나우시카'를 추천합니다. '벼랑 위의 포뇨'는 저학년의 발달 단계에 적
합하고, '바람계곡의 나우시카'는 고학년의 발달 단계에 적합해요.
교육과정 재구성을 통해 영화 감상 시간을 확보하는 것도 중요한데요. 환경
보호와 관련된 성취 기준을 분석하여 교육과정 재구성을 하고 영화 감상을 하
도록 합니다.

2. 영화에 대한 생각 나누기

영화를 보고 나서 '새롭게 알게 된 점', '느낀 점', '앞으로 하고 싶은 것' 세 가지에 대해 이야기합니다. 그리고 원 대형으로 앉아 '릴레이 발표'를 합니다. 이때, 아직 발표할 내용을 떠올리지 못했다면 '통과'라고 외친 후 친구들의 발표를 듣고, 내 생각을 정리하여 마지막에 발표하도록 합니다.

발표를 어려워하는 친구에게는 친구의 발표 중 끌리거나 동의하는 것이 있다면 따라서 발표해도 된다고 허용해 주는 것도 좋아요. 발표를 어려워하는 친구에게 이렇게 허용해 주었더니 발표에 대한 부담감을 점점 내려놓고 자기 생각 발표에 자신감을 느끼는 모습을 볼 수 있었거든요.

🖥 온라인 상황에서는

번호 순서대로 발표 순서를 정하여 릴레이 발표를 차례대로 할 수 있습니다. 이때 방식은 위와 같습니다. 온라인 쌍방향 수업에서도 충분히 내 생각을 발표하고 서로의 생각을 공유할 수 있어요.

단, '경청 약속'이 명확하게 정해져 있어야 합니다. 온라인 수업 상황에서 '경청'은 더욱 중요하므로, 사전에 '우리 반 경청 약속'을 정하여 친구의 발표에 집중할 수 있도록 도와줍니다.

3. 활동지를 통해 생각을 정리하고 환경 보호를 위한 다짐하기

친구들과 생각 나누기 활동을 통해 영화에 대한 생각을 확장했다면, 이제는 활동지를 통해 내 생각을 정리하고 환경 보호를 위한 다짐을 하도록 합니다.

영화에서 메시지를 담고 있는 중요한 장면을 선정하여 생각할 수 있는 질문을 제시하는데요. 무엇보다 학생 스스로 이 영화를 통해 환경 보호의 중요성을 알고, 환경 보호 실천에 대해 구체적인 실천을 할 수 있도록 도와주는 것이 중요합니다. 그렇기에 질문을 선정하는 것이 아주 중요하죠.

활동지는 '벼랑 위의 포뇨'를 주제로 한 저학년용 활동지와 '바람 계곡의 나우시카'를 주제로 한 고학년용 활동지가 있으며, 학생 수준에 맞는 것을 선택하여 활동하시면 됩니다. 또한 여기에 제시된 활동지는 예시이므로 이 활동지의 질문 외에 선생님께서 생각하시기에 중요하다고 생각하는 장면이 있다면 그 장면을 주제로 질문을 제시하셔도 좋을 거예요.

학생들의 흥미와 수준에 맞게 적절한 질문을 만들어 활동해 보시기를 추천합니다.

👥 개별 활동지	
환경	<벼랑 위의 포뇨>를 보고 환경을 지키기 위한 활동 계획하기

초등학교
학년 반 번
이름:

1. 포뇨가 인간이 사는 바다쪽으로 왔을 때 포뇨가 만난 것은 인간들이 버린 ○○○ 였습니다. ○○○에 들어갈 말은 무엇일까요?

(   )

2. 위에서 말한 장면을 보고 어떤 생각이나 느낌이 들었나요?
_____
_____

3. 포뇨의 아버지는 과거에 인간이었습니다. 포뇨의 아버지가 '인간'을 부정적으로 보는 이유는 무엇인가요?
_____
_____

4. 이 영화를 보고 나서 느낀 점을 적어 주세요.
_____
_____

5. 환경을 보호하기 위해 오늘부터 내가 할 수 있는 일을 떠올려보고 적어주세요.
_____
_____

저학년용 활동지

👥 개별 활동지	
환경	<바람계곡의 나우시카>를 보고 환경을 지키기 위한 활동 계획하기

초등학교
학년 반 번
이름:

1. 나우시카는 마스크를 쓰고 오염된 숲인 부해를 돌아다닙니다. 마스크를 쓴 나우시카의 모습이 현재의 우리 모습과도 닮아 있지요. 오염된 숲인 부해를 나우시카는 어떻게 바라보았나요?
_____
_____

2. 바람 계곡의 나우시카 영화에서 바람은 ○○의 힘을 의미합니다. ○○에 들어갈 말은 무엇일까요?

(   )

3. 나우시카에게 우리가 배울 점은 무엇일까요?
_____
_____

4. 이 영화를 보고 나서 느낀 점을 적어 주세요.
_____
_____

5. 환경을 보호하기 위해 오늘부터 내가 할 수 있는 일을 떠올려보고 적어주세요.
_____
_____

고학년용 활동지

배움 공책 및 패들렛 사용을 추천합니다. 배움 공책에는 교사가 제시한 질문에 대한 생각을 정리하고, 패들렛에는 환경 보호를 위해 내가 할 수 있는 일을 기록하여 우리 반 친구들의 생각을 한 눈에 확인하도록 합니다.

4. 우리 반 환경 보호 약속 게시판 만들기

활동지에 기록했던 '환경을 보호하기 위해 오늘부터 내가 할 수 있는 일'을 포스트잇에 적습니다. 그리고 우리 반 모두의 포스트잇을 모아서 '우리 반 환경 보호 게시판'에 게시합니다. 이는 나의 다짐을 공언하는 것으로, 학생들이 꾸준히 환경 보호를 위한 활동을 실천할 수 있도록 도울 거예요.

무엇보다 학생들이 공언한 것에만 그치지 않도록 교사가 꾸준히 격려하고 확인하는 것이 중요합니다. 한 주를 시작하는 월요일에 내가 이번 주 지키고자 하는 환경 보호 약속을 게시판에서 찾아 돌아가면서 말하고 일주일 동안 실천해 보는 것이지요. 그다음 주에는 다른 친구의 환경 보호 약속 중 끌리는 것을 정하여 일주일 동안 실천해 보는 것입니다. 이렇게 꾸준히 실천해 나간다면 학생들은 환경을 보호하는 생활 태도가 습관이 될 거예요.

앞에서 다짐을 나눴던 패들렛 화면을 캡처하여 학급 소통 플랫폼에 공유하고, 전지 사이즈로 출력하여 학급에 게시할 수도 있습니다.

학생들이 기대했던 것 이상으로 환경 파괴의 심각성을 깨닫고 진지하게 활동에 참여하는 것을 볼 수 있었어요. 이전에는 단순하게 영화를 바라보았다면, 발문과 생각 나누기 등을 통해 영화에 대해 깊이 이해하고, 환경 파괴에 대한 경고와 환경 보호의 중요성을 찾아냈습니다.

무엇보다 이전에는 막연하게 환경을 보호해야 한다고 생각하는 것에 그쳤다면, 이제는 영화를 통한 환경 교육을 통해 환경 보호의 중요성을 알고 환경을 보호하는 활동을 구체적으로 실천하게 된 거예요.

우리 반 환경 보호 게시판에 공언한 다짐을 생활 속에서 실천하고, 다른 친구들의 실천 약속도 보면서 습관화하는 모습을 볼 수 있었습니다.

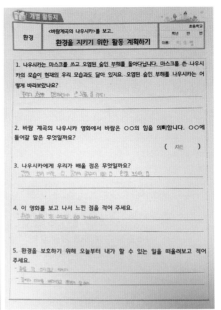

저학년용 활동지 결과물 - 채○○ 학생　　　고학년용 활동지 결과물 - 이○○ 학생

프리즘카드로 발표 문턱 낮추기

#프리즘카드 #적극적발표유도 #누구나할수있음
● ● ● ● ● ●

 교실에는 학년에 상관없이 소극적인 아이들이 있습니다. 발표하라고 하면 막상 말을 잘하지 못하는 아이들도 많고요. 이럴 때, 아이들 손에 카드 한 장을 들려 주면 아이들의 발표 문턱이 드라마틱하게 낮아진답니다.

프리즘카드로 발표해요

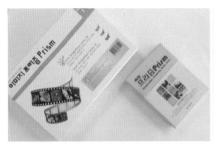 

　‘프리즘카드’는 다양한 출판사에서 판매하고 있는 사진 카드 모음입니다. 이 속에는 생각지도 못했던 다양한 이미지가 많게는 50~100장씩 모여 있어요. 우리는 교실에서 이 프리즘카드를 활용하여 다양한 방법으로 수업할 수 있습니다.

💻 온라인 상황에서는

　패들렛에 무료로 사용할 수 있는 다양한 그림을 넣어서 프리즘카드를 만든다면, 온라인 수업 시간에도 프리즘카드를 사용할 수 있습니다.

프리즘카드를 활용한 수업에는 연상하여 이야기 만들기, 프리즘카드 관찰하기, 프리즘카드로 질문 만들기 등이 있습니다.

1. 연상하여 이야기 만들기

이미지에서 느껴지는 감각적 내용을 대화로 풀어내는 방법입니다. 국어 시간에 읽은 소설 속 주인공의 성격을 발표하는 질문이라면, 프리즘카드에서 사진 하나를 골라 이야기를 만들어 보는 것이죠.

> T : 자 여러분 주인공 철수의 성격을 한 번 이야기해 볼까요?
>
> S : 여기 있는 사막은 사람이 살기 어려운 환경 같습니다. 철수는 친구를 괴롭히며 학교 생활을 어렵게 만듭니다. 그래서 사막과 철수의 성격이 같다고 생각했습니다.

이러한 연상 기법을 사용한다면 소설 속 인물의 성격뿐 아니라, 시의 분위기나 느낌, 나의 생각 등을 이야기하는 수업에 효과적으로 응용할 수 있답니다.

패들렛에 만들어 놓은 이미지 카드를 발표할 때, 학생이 번호를 불러 주면 선생님이 확대하는 방법을 이용하면 좋습니다.

2. 프리즘카드 관찰하기

이번에는 프리즘카드 그림에 주목하는 방법입니다. 프리즘카드에는 재미있는 그림이 많이 들어 있는데요. 하나의 카드를 고른 후 그림에서 볼 수 있는 다양한 내용을 찾는다면, 프리즘카드 하나만 가지고도 주의 집중력을 키우는 수업을 할 수 있습니다.

3. 프리즘카드로 질문 만들기

프리즘카드에서 느껴지는 감각 또는 프리즘카드 자체에 있는 다양한 관찰 요소를 활용하여 질문을 만들어 보는 활동도 아이들과 할 수 있는 즐거운 재미있는 활동입니다.

Q. 말을 잘 못 하는 아이는 어떻게 하면 좋을까요?

　포스트잇을 사용해 보세요. 머릿속에서 생각만으로 말할 수 있는 학생도 있지만, 미리 적어야지만 할 수 있는 학생도 있습니다. 포스트잇 한 장을 주며 학생들에게 생각을 미리 글로 풀어 보도록 하면 더 쉽게 발표를 할 수 있습니다.

Q. 그래도 어려워하는 학생이 있다면 어떻게 하는 게 좋을까요?

　친구의 말에 생각을 보태어 보게 해 보세요. 스스로 만드는 것은 어렵지만, 친구의 말에 한 걸음 더 나아가는 것은 조금 더 쉽습니다.

7~8월 | 행사

한 학기를 정리하는 우리 반 문집 만들기

#학급문집 #공동체의식 #뿌듯함두배 #셀프제작
● ● ● ● ● ●

제 모교에서는 전교생의 짤막한 글과 그림을 엮어 매년 학교 문집을 발행했습니다. 어린 나이였지만, 내가 쓴 글이 들어 있는 책을 받은 기억은 무척 신기하면서도 뿌듯하게 남아 있죠. 책꽂이에 꽂혀 있는 문집들을 볼 때마다 여전히 그 시절이 생생하게 떠오르곤 합니다. '우리 아이들의 방에 시간이 흘러도 간직할 만한 학급 문집이 한 권씩 있었으면 좋겠다'는 생각에서 시작하게 된 문집 만들기 프로젝트를 이 글을 읽고 계실 선생님께도 추천드려요.

내 손으로 만드는 우리 반 문집

아이들이 학급 문집 제작의 취지를 잘 이해하고, 글과 그림을 성의 있게 완성해서 척척 제출하면 얼마나 편하고 좋을까요. 그러나 학급 문집에 들어갈 글을 쓰라고 하면 아이들 대부분은 심드렁한 표정을 짓거나 지레 겁을 먹고 쉽게 포기하고 맙니다. 막상 문집을 완성하고 나면 누구보다 뿌듯하고 좋아할 테지만 말이죠. 아이들에게 일종의 가이드 라인을 제시하기 위해 학급 활동지와 네이버폼을 통해 아이들의 흥미를 유발하면서도 그리 어렵지 않게 학급 문집을 만들어 봤습니다.

활동 설명

학기 초 1인 1역을 편성할 때, 학급 편집부 위원을 3명 정도 선출하는데요. 이 아이들은 학급 문집에 들어갈 만한 활동 결과물, 학급 활동지를 검토하고 교정하는 역할을 합니다. 전체적인 디자인이나 제목은 학급 구성원이 다 함께 정하되, 개별 내용은 학급 편집부를 통해 일차적으로 추려지는 셈이죠. 학급 편집부 역할을 성실하게 진행한 학생들은 학기말 학급 1인 1역 평가에서 가산점을 받을 수 있도록 배려해도 좋습니다.

평소 작가가 꿈이거나 글쓰기를 좋아하는 학생들을 대상으로 학급 편집부를 구성하는 것도 좋아요. 학생 개개인의 성장과 진로 선택에도 많은 도움이 되거든요. 아이들이 자신 없어 하는 경우에는 이미 만들어진 학급 문집이나 학생들의 글을 예시로 보여 주며 격려해 주는 것도 추천합니다.

1. 내용 마련하기

　내용은 풍부할수록 좋습니다. 아, 꼭 글이 아니어도 좋아요. 교과 활동 시간에 그린 학생들의 그림이나 제작물을 사진으로 찍어 넣어도 좋고, 따로 제작하는 포토북이 없다면 동의를 구한 후 학생들의 단체 사진이나 자연스러운 모습들을 담은 사진을 넣어도 좋습니다. 이 외에도 교과 시간에 적은 글, 학급 일기 등의 글을 추려서 넣는 것도 내용을 풍부하게 만드는 좋은 방법 중 하나랍니다. 저 같은 경우는 따로 학급 활동지를 만들어 봤는데요. 학교 폭력 예방 및 친목 도모 차원에서 학급 이벤트를 열고 '삼행시 짓기', '덕분에 챌린지', '친구 캐릭터 그리기' 등을 통해 자필과 타이핑으로 학생들이 부담 없이 글을 쓰도록 도왔습니다. 창의적 체험 활동 시간을 활용하여 학생들의 편지나 진로 활동지를 넣는 것도 좋습니다. 분량은 1차 편집 이후 정해지겠지만, 보통 20~30페이지 정도를 추천해요. 문집의 맨 앞과 뒤에 부모님과 담임 선생님의 편지를 넣으면 아이들에게 잔잔한 감동도 줄 수 있습니다.

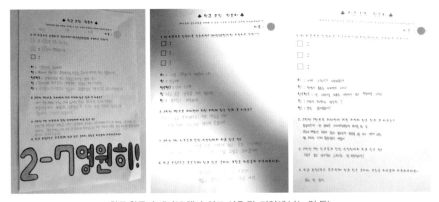

학급 활동지 예시(오행시, 하고 싶은 말, 기억에 남는 일 등)

온라인 상황에서는

네이버폼으로 간단한 설문 지를 만들어서 학급 자치 시간 이나 점심 시간 등 남는 시간 에 단체로 설문지를 작성하도 록 했습니다.

1. 처음 만나는 사람에게 나를 설명하는 문자메시지를 보낸다면?*

2. 가장 좋아하는 냄새 3가지는? 그 냄새를 맡으면 무엇이 떠오르나요?*

3. 내 한자 이름 혹은 별명의 뜻은?*
MBTI나 혈액형을 적어도 좋습니다ㅅㅅ

4. 가장 행복했던 순간이나 사건을 최대한 길게 써본다면?*

5. 중학교 졸업 이후 내가 꿈꾸는 삶은?*

6. 이 세상에서 단 하나의 문제를 해결할 수 있다면 무엇을 해결할까? 그 이유는?*

코로나19 관련 덕분에 챌린지에 참여한 모습(편지)

코로나19 관련 덕분에 챌린지에 참여한 모습(포스터)

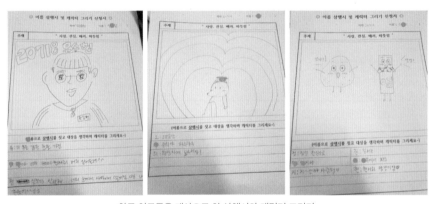

학급 친구들을 대상으로 한 삼행시와 캐릭터 그리기

2. 문집 편집하기

학급 자치 회의 때 반 아이들과 문집의 제목과 표지, 컨셉을 정합니다. 저는 미리캔버스를 활용했는데, 혹시 반에 그림에 관심 있는 친구들이 있다면 그 친구들이 그린 학급 캐릭터 등으로 표지를 장식하는 것을 추천합니다. 하나뿐인 특별한 표지가 완성될 테니까요. 문집의 제목과 표지, 컨셉을 정했다면 본격적인 편집을 할 차례입니다.

방과 후 시간을 활용하여 학급 편집부와 문집에 들어갈 내용을 최종적으로 간추리는데요. 맞춤법에 어긋나는 문장 등을 교정하며 전체적인 흐름에 맞게 독창적이면서도 진솔한 마음이 담겨 있는 결과물을 고르도록 격려합니다. 어느 정도 완성이 되면 목차대로 배열한 후 학급 구성원들에게 공유하며 피드백을 반영합니다.

온라인 상황에서는

구글 문서나 줌을 통해 실시간으로 의견을 나누면서 학생들이 문집 내용을 편집할 수 있도록 합니다. 구글 문서는 여러 명이 동시에 접속 가능하며 수정하는 내용이 실시간으로 반영되므로 매우 편리합니다.

3. 문집 출간하기

학교 근처 제본집을 방문하여 제본해도 좋고, 제본기를 사용하여 직접 제본해도 좋습니다. 완성된 문집의 여백에 한 학기 동안 수고했다는 의미를 담아 반 아이들과 롤링페이퍼를 작성한다면 모두에게 의미 있는 책이 완성됩니다. 또한, 학급 문집을 출간한 우리 모두가 작가이므로 롤링페이퍼와 더불어 각자의 사인을 남기는 것도 자아 존중감 향상과 더불어 필자 체험을 할 수 있는 좋은 기회가 될 거예요.

글을 쓰는 행위 자체에 부담을 느끼는 학생들이 많으나 막상 문집을 만들다 보면 생각보다 글을 잘 쓰는 학생들이 많다는 걸 깨닫게 됩니다. 네이버폼으로 설문을 진행했을 때는 학생들이 생각보다 쉽고 빠르게 글을 제출하는 것을 보고, 아이들에게 일상적인 글을 쓸 기회를 더 많이 주어야겠다는 생각이 들기도 했어요. 내성적인 친구들도 글에서는 자신의 생각을 자유롭게 밝히며 친구들과 교류할 수 있다는 점도 좋았습니다.

문집에 미처 넣지 못한 사진들은 연말에 학급 포토북으로 제작하는 것을 추천합니다. 포토북 제작 사이트를 활용하면 누구나 쉽게 포토북을 꾸미고 만들 수 있거든요. 아이들에게는 이 또한 재미있는 추억거리가 됩니다. 스티커와 텍스트 기능을 활용하면 학급 구성원의 이름과 짧은 문구를 넣을 수도 있고, 맨 앞과 뒷장의 빈 공간에 롤링페이퍼를 적을 수도 있답니다.

나만의 방학 위시 리스트

#만다라트 #연꽃기법 #친구와함께 #다른수업에도적용가능

● ● ● ● ● ●

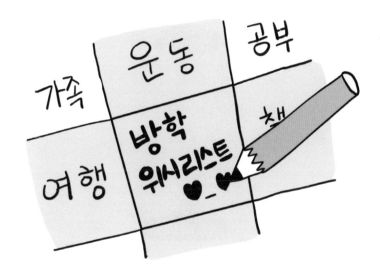

　방학에 무얼 할지 아이들과 이야기해 본 경험이 있으신가요? 방학을 생각하면 가슴 설레고 기분이 좋아집니다. 그런데 막상 방학이 끝나고 돌아온 교실에서 나누는 이야기는 "그냥 집에 있었어요.", "게임했어요." 등 알차게 보내지 못한 모습이 많이 보여 아쉬운 경우가 많았습니다. 만약 아이들과 시간을 내서 '나만의 방학 위시 리스트'를 만든다면 어떨까요?

목표를 달성하는 만다라트 (연꽃 기법)

'만다라트'란 일본의 프로야구 선수 오타니 쇼헤이가 자신의 목표를 달성하기 위해 목표를 정리한 표의 형식으로, 목표를 나타내는 '만다라'와 기술이라는 '아트'의 합성어입니다. 모양이 연꽃과 닮았다 하여 '연꽃(무늬) 기법'이라고도 불리죠.

활동 설명

'만다라트(연꽃 기법)'를 활용하여 아이들을 위한 '나만의 방학 위시 리스트'를 작성하는 활동입니다.

활동 시나리오

1. 목표 작성하기

만다르트를 활용해 목표를 작성해 봅니다. 먼저, 9x9의 사각형을 그리고, 가장 가운데 있는 분홍색 칸에는 이루고자 하는 목표를 작성합니다.

				알찬 여름방학				

목표를 작성한 칸 주변에는 목표를 이루기 위해 노력해야 하는 8가지 분야를 작성하는데요. 아래 예시는 2020학년도 6학년 아이들이 알찬 여름방학을 위해 선정한 8가지 분야입니다. 작성한 8가지 분야는 3x3의 작은 사각형의 가운데(노란색)에 다시 작성되어 '작은 목표'가 됩니다.

	자기 개발하기			가족과의 놀이			휴식시간	
			자기 개발하기	가족과의 놀이	휴식시간			
	방학숙제		방학숙제	알찬 여름방학	건강한 운동하기		건강한 운동하기	
			여가활동	방학동안 지킬 약속	건강한 휴가 보내기			
	여가활동			방학동안 지킬 약속			건강한 휴가 보내기	

2. 구체적인 실행 요소 작성하기

   남은 칸에는 '작은 목표'를 이루기 위해 해야 하는 구체적인 실행 요소가 작성됩니다. 실제 2020년도에 6학년 아이들이 작성한 여름방학 계획을 공유해 봅니다.

일주일에 두번 독서 하기	하루에 한시간 이상 공부하기	일주일을 마무리하며 공부내용 정리하기	가족과 회의하기	가족과 여행	가족과 맛있는거 먹기	나만의 자유시간 갖기	보건수업때 배운 눈 운동 하기	모둠 친구들에게 궁금한거 물어보기
매일 운동하기	자기 개발하기	일주일에 두번이상 수학공부하기	가족과 여가활동 즐기기	가족과의 놀이	가족과 게임하기	낮잠자기	휴식시간	친구들과 놀기
일주일에 한번이상 도덕적 성찰하기	일주일에 두번이상 과학공부하기	일주일에 두번이상 영어공부하기	가족들과 내기하기	가족과 규칙 정하기	가족과 이야기하기	게임 적당히 하기	맛있는거 먹기	일찍자고 일찍 일어나기
독서마라톤	수학학습지	자신이 원하는거 1가지	자기 개발하기	가족과의 놀이	휴식시간	달리기	윗몸 앞으로 굽히기	플래시 몹 연습하기
국어 학습지	방학숙제	수학 복습	방학숙제	즐겁고 유익한 방학생활	건강한 운동하기	윗몸 일으키기	건강한 운동하기	스쿼트 하기
국어 복습	영어 복습	단소 연습 (아리랑)	여가활동	방학동안 지킬 약속	건강한 휴가보내기	치어리딩 연습하기	유산소 운동하기	PAPS 연습하기
노래부르기	등산하기	자전거 타기	매일매일 자가진단 하기	손 소독 하기	개인 위생 철저히 하기	충분한 휴식하기	사람 많은 곳 피하기	손 깨끗이 씻기
쇼핑하기	여가활동 즐기기	TV보기	사람 많은곳 가지않기	방학동안 지켜야 할 것	숙제 철저히 하기	마스크 철저히 쓰기	건강한 휴가보내기	위험한 곳 가지 않기
그림그리기	줄넘기	산책하기	체력 관리하기	나쁜말 많이 하지않기	건강한 일상생활 보내기	생활속 거리두기	사회적 거리두기	손소독 자주하기

구글 프레젠테이션 또는 잼보드 등의 협업 도구를 활용한다면 온라인에서 쉽게 수업을 진행할 수 있습니다. 예시로 보여 드린 만다라트 맵은 실제 온라인 수업에서 아이들이 구글 프레젠테이션을 활용하여 진행된 것입니다.

실제 활동 후기 · 팁

Q. 아이들이 모든 칸을 채워야 하나요?

이 수업의 목적은 아이들이 내가 할 수 있는 것을 최대한 많이 작성해 보는 것입니다. 따라서 모든 칸을 작성하도록 하는 것이 중요해요. 어렵겠지만 주어진 칸을 모두 작성할 수 있도록 격려해 주는 것이 필요합니다.

Q. 모든 것을 작성할 수 없는 아이들은 어떻게 하나요?

많은 칸을 작성하다 보면 생각보다 퀄리티가 떨어지는 것이 당연한 일입니다. 또 어떤 학생들은 모두 작성하지 못할 수도 있고요. 이럴 때는 다음 방법들을 활용해 보세요.

① 모둠별로 작성하기

왼쪽에 제시된 예시는 모둠별로 작성한 것입니다. 혼자가 아닌 모둠별로 작성하게끔 한다면 아이들이 함께 머리를 맞대고 집단 지성을 발휘할 수 있어요.

② 일부만 작성하기

작은 목표 1, 2개만 작성하게 하는 것도 아이들에게는 큰 의미가 있습니다.

작은 목표 1, 2개를 개별로 작성하게 하고, 이것을 모아 완성한다면 아이들이 참고할 수 있는 만다라트 맵이 완성될 수 있습니다.

③ 다른 친구(모둠)의 작품을 참고하기

완성을 위해 다른 작품을 참고하게 하는 것은 매우 의미 있는 일입니다. 다른 친구의 작품을 참고하여 빈칸을 작성하게 할 수도 있고요. 이미 작성했지만 변경하고 싶은 것은 변경할 수 있도록 해 주세요.

Q. 만다라트 맵에 있는 모든 것을 지켜야 하나요?

아닙니다. 만다라트 맵의 목적은 내가 할 수 있는 것이 무엇이 있는지 발산적 사고를 하는 거예요. 따라서 만다라트 맵에서 내가 방학 동안 무엇을 할지 뽑아 보는 활동으로 확장하여 진행할 수도 있답니다. 저는 교실에서 아이들과 확산적 사고를 한 후 무엇을 수행할지 방학 계획서에 작성하는 활동을 진행했습니다.

9~10월 | 수업

굴려라, 굴려! 무작위 그림 그리기

#미술 #주사위굴리기 #만능활용 #자신감뿜뿜
● ● ● ● ● ●

미술 수업을 하시다 보면 그리기를 좋아하는 아이도, 좋아하지 않는 아이도 만나실 겁니다. 창의적이고 꼼꼼하게 그림을 그리는 아이도 있지만, 선생님을 그대로 따라 그리는 아이, 선 몇 개 그리고 다 했다고 하는 아이, 20분 동안 시작조차 못 하겠다고 하는 아이를 마주하기도 하죠. 다른 과목에서도 마찬가지겠지만, 미술을 싫어하는 아이들은 그림 그리는 것에 자신이 없어 부담스러워하는 경우가 많았습니다.

그러나 항상 부족한 것은 경험일 뿐이지요. 간단한 준비물로 부담도 덜고 그림 연습도 하며 작품을 멋지게 만드는 방법을 소개하려고 합니다. 이 활동을 하고 나면 그림을 많이 그려 보지 않아 자신이 없는 아이들이 자신의 작품을 다른 친구에게 자랑하는 모습을 보실 수 있을 거예요.

주사위를 굴려 무작위 그림을 그려요! ROLL A SOMETHING

어렸을 적에 이런 놀이를 해 보신 기억이 있으신가요? 머리카락, 얼굴 모양, 눈, 코, 입을 다양하게 그린 뒤 연필을 좌우로 흔들다가 '멈춰!'라고 말했을 때 있는 그림을 합쳐서 얼굴을 만드는 놀이요! 짝꿍끼리 또는 소수의 인원으로 할 땐 몰라도, 혼자서 할 땐 괜히 내가 하고 싶은 쪽에서 멈추게 되죠. 주사위를 이용한다면, 그 단점을 보완할 수 있답니다.

3학년 미술 교과서에 있는 '화가의 작품을 보고 제목 붙여주기' 수업의 다음 차시로 화가의 작품을 따라 그리면 좋겠다고 생각했습니다. 그런데 '작품을 보고 따라 그리는 활동을 한 뒤에는 어떤 활동을 해야 하지?' 하는 고민으로 이어지더군요. 이어서 '아이들만의 화가 풍의 그림을 그려 보면 어떨까? 어떻게 하면 할 수 있을까?'라는 생각을 하게 됐고, 핀터레스트(Pinterest)에서 이것

저것을 찾아보다가 아이디어를 얻었습니다.

이 방법은 미술 시간에 화가처럼 그리기뿐만 아니라 나만의 괴물 그리기, 눈사람 그리기, 크리스마스트리 그리기 등으로 다양하게 활용할 수 있습니다.

따라 그릴 수 있을 만한 모양으로 주사위 판을 만들어 학생들에게 보여 주고, 주사위를 굴려서 무작위로 나오는 모양들을 합쳐 자신의 작품을 만들도록 하는 활동입니다. 아래와 같은 주사위 판에 미리 주제에 맞는 모양들을 부분 부분 나누어 그려 놓으면 학생들은 종이와 주사위, 색칠 도구만 가지고 재밌게 활동할 수 있습니다.

위에서부터 순서대로!	⚀	⚁	⚂	⚃	⚄	⚅

1. 주사위 판 준비하기

주제에 맞게 첫 번째 열에 세부 항목을 나눠 적습니다. 이때 제일 먼저 그림의 큰 틀이 되는 부분을 먼저 적어야 해요. 다 뽑고 나서 그리는 학생들도 있겠지만, 주사위를 굴려서 나오는 것들을 순서대로 그릴 수 있기 때문이죠! 그리고 주사위 눈 1부터 6까지 다양한 모양들을 그려 줍니다. 선생님이 준비하실 때 더 그릴 것이 없다면 남는 칸에는 '직접 고르기', '없음' 또는 '다 섞어서 그리기' 등 글자를 넣으셔도 됩니다.

칸마다 옵션이 추가될 수도 있습니다. <호안 미로 주사위 판 Roll a Miró> 같은 경우, 4~6번째 눈의 '눈 모양'에 'x2'라고 적혀있는데, 이런 경우는 저 모양으로 눈을 2개 그려야 한다는 뜻이에요. <크리스마스트리 주사위 판 Roll a Christmas tree> 같은 경우는 주사위 2번부터 'ꜛ'라고 되어 있는데, 이 경우에는 뽑은 주사위 눈과 그보다 작은 것들을 다 그린다는 뜻입니다. 이렇게 선생님께서 다양하게 옵션을 추가하셔서 학생들이 더 그리게 할지, 덜 그리게 할지, 자유롭게 골라서 할지 등을 정하실 수 있습니다.

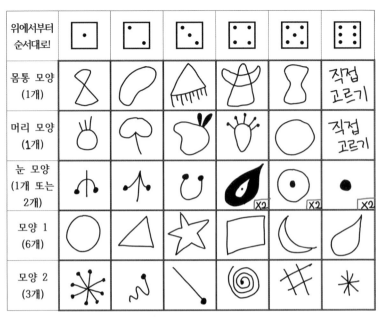

위에서부터 순서대로!	⚀	⚁	⚂	⚃	⚄	⚅
몸통 모양 (1개)						직접 고르기
머리 모양 (1개)						직접 고르기
눈 모양 (1개 또는 2개)				X2	X2	X2
모양 1 (6개)						
모양 2 (3개)						

호안 미로 주사위 판 Roll a Miró

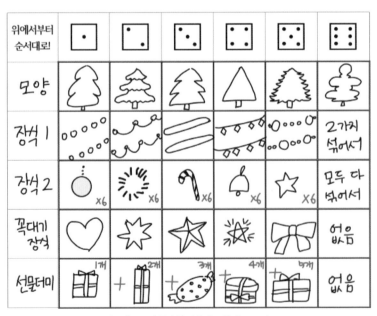

위에서부터 순서대로!	⚀	⚁	⚂	⚃	⚄	⚅
모양						
장식 1						2가지 섞어서
장식 2	x6	x6	x6	x6	x6	모두 다 섞어서
꼭대기 장식						없음
선물더미	1개	2개	3개	4개	5개	없음

크리스마스트리 주사위 판 Roll a Christmas tree

2. 주사위 판 설명하기

학생들에게 활동지를 만들어 주사위 판을 제공하거나 TV 화면에 주사위 판을 띄워 줍니다. 그리고 오늘의 주제와 주사위 판에 관해 설명합니다. 새로운 옵션이 없다면 간단하게 과정만 설명하고, 아닌 경우에는 예시를 보여 주면서 설명하는 것이 좋아요.

온라인 상황에서는

학생들에게 이미지 파일로 주사위 판을 제공합니다. 설명할 때는 줌 수업을 통해 직접 설명하셔도 됩니다. 영상으로 제공한다면, 직접 주사위를 굴려서 뽑힌 그림으로 그리는 모습을 영상으로 만들어 주세요. 설명 영상을 통해서 방법을 알고 그림을 그리는 것이 글로 안내하는 것보다 학생 대부분이 잘 이해하여 그림을 그렸습니다.

아래에 있는 링크 또는 오른쪽의 QR 코드로 들어가면 크리스마스트리 주사위판 설명 영상을 보실 수 있습니다.

https://youtu.be/4nrZqtD0Uy4

3. 주사위 굴리기

각자 주사위를 굴려서 위에서부터 순서대로 자신이 그릴 모양을 정합니다. 이때, 주사위를 굴리면서 학생들이 바로 그림을 그릴지, 다 뽑고 나서 그릴지는 선생님께서 결정하시면 됩니다. 학생들이 바로바로 순발력 있게 그림을 그리길 원한다면, 뽑으면서 바로 그리라고 안내합니다. 학생들이 구성에 대해 생각하고 그리기를 원한다면, 뽑은 숫자를 순서대로 종이 구석에 적어 놓고 나중에 다 뽑은 뒤에 그리라고 합니다. 상관없다면 따로 안내하지 않아도 됩니다. 만약 주사위가 부족하다면, 아래에서 소개하는 모바일 주사위에 대한 설명을 참고하세요.

4. 나만의 작품 완성하기

나만의 작품을 색칠하고 완성합니다. 만약 학생들이 빠르게 그리고 색칠하기 쉬운 주제라면 작품 옆에 간단한 설명을 더 쓰게 할 수 있습니다.

주제	추가할 수 있는 설명 예시
화가처럼 그리기	작품의 이름 붙이기
나만의 괴물 그리기	이름, 나이, 성격, 좋아하는 음식
나만의 눈사람 그리기	이름, 나이, 좋아하는 계절과 이유, 좋아하는 행동
나만의 크리스마스트리 그리기	배경 꾸미기, 갖고 싶은 선물

이후 활동으로는 발표자를 뽑아서 작품의 특징을 설명하게 할 수도 있고, 다른 친구의 작품을 감상할 수도 있어요.

미술 시간에 그림을 그리기 싫어하는 학생들이 더욱더 마음 편하게 그리고 즐겁게 수업을 했습니다. 어떤 학생은 자신감이 생겨서 자신의 그림을 계속 다른 친구에게 자랑하기도 했고요. 이는 주사위 판에 따라서 보고 그릴 수 있는 그림이 있기 때문이 아닐까 하는 생각이 듭니다. 잘하는 친구 것을 보고 그리거나, 그리는 방법을 모르던 학생들도 약간의 도움으로 자신만의 작품을 멋있게 만들어냈어요. 그림을 잘 그리는 학생들 역시 정해진 그림이지만 그 안에서 무작위로 그림이 그려지니 여러 캐릭터를 만들어내는 데 재미를 느꼈고요. 이렇듯 그림의 수준과 상관없이 즐기며 그릴 수 있는 수업이라고 생각합니다.

또한, 틀을 한 번 만들어 놓으니 다양한 주제로 수업을 할 수 있었습니다. 선생님께서 주제에 맞는 주사위판만 미리 준비하신다면, 다양한 주제에 활용이 가능한 방법인 것 같아요.

추가로 팁을 드리자면, 이 방법 자체의 목표가 그림 그리기에 자신감을 가지게 하는 것이므로 선생님께서도 여유를 가지고 즐겁게 피드백하시길 추천해 드려요. 먼저, 학생들이 색칠을 안 해오는 경우를 대비하여 '똑같은 그림이라도 색깔이나 무늬에 따라 만들어진 캐릭터의 특징이 달라진다'라는 언급을 하시면 다들 색칠을 잘해올 겁니다. 또 그림이 너무 이상하게 그려졌다고 걱정하는 학생들이 있는데, 그때마다 저는 "그래서 더 재밌는 거야!"라고 말을 해 주거든요. 디딤돌이 있는 활동과 함께 격려와 응원의 말씀도 같이해 주시면 더욱 효과적으로 무작위 그림 그리기를 할 수 있을 겁니다.

가을 풍경 사진전

#미술연계교육 #가을느낌물씬 #감각을찰칵 #교실속갤러리
● ● ● ● ● ●

　가을은 온갖 만물의 다양한 색깔이 혼재한 멋진 계절입니다. 이 계절의 느낌을 한 아름 담아 교실로 가져올 수 있는 수업에는 어떤 것이 있을까요? 미술 교과 내용 중 '사진'과 관련된 단원을 연계하여 가을 풍경 사진전을 개최해 볼 수 있습니다. 학생들의 시선에서 바라본 가을 풍경의 느낌을 담아 교실로 가져오고, 그 사진에 담고 싶었던 자신만의 감각을 표현해 보는 활동을 해 보세요.

가을 풍경 사진전

사진전이라는 타이틀을 사용하고 있지만, 교실 속 작은 공간을 활용한 환경 구성의 시간으로 생각하면 부담스럽지 않게 준비할 수 있습니다. 학급 운영비를 사용한다면 그럴싸한 갤러리 공간을 마련할 수 있을 거예요. 게다가 종이 액자를 활용하면 여러 번에 걸쳐 활용할 수 있을 뿐만 아니라, 게시 이후 사진을 제출한 학생에게 기념으로 배부할 수도 있고요. 자, 교실 속 작은 갤러리를 만들어 볼까요?

수업 시나리오

1. 사진 촬영 방법 알아보기

온라인 수업 기간에 학생들이 직접 촬영한 사진을 제출했을 때, 선생님들은 어떤 생각을 하셨나요? 중요 대상이 화면 구도상 한쪽 구석에 치우쳐 있거나, 주변 공간이 더 많이 드러나서 중심이 되는 대상이 잘 눈에 띄지 않거나, 초점이 맞지 않아서 흐릿한 상태로 제출되었거나, 그림자에 가려서 어둑어둑한 상태로 찍혔거나 하는 등… 학생들이 의외로 사진을 찍는 방법에 큰 신경을 쓰지 않고 촬영하는 경우가 많이 있다는 것을 느끼지는 않으셨나요?

| 그림자로 가린 작품 | 초점이 맞지 않은 사진 | 작품은 어디에? |

사진 촬영에 대해 별다른 설명이나 사전 지식을 구성할 시간을 마련하지 않는다면 위와 같은 일이 반복될 수 있습니다. 따라서 사진 촬영에 대한 방법을 충분히 알아보고 촬영하도록 해야 해요.

교과서에 제시된 사진 촬영 방법을 충분히 이해할 수 있도록 설명한다면, 사전 교육이 될 수 있을 것입니다. 금성교과서의 초등학교 미술4 3단원은 '감각을 찰칵!'이라는 주제로 사진 촬영 방법을 설명하고 있는데요. 다양한 촬영 기법을 안내하고 있기에 이 자료를 충분히 활용하여 수업에 사용할 수 있답니다. 이때 주의해야 할 것이 있는데, 스마트폰 카메라에서 제공하는 정밀한 보정 기능까지 설명하지 않고도 손쉽게 촬영할 수 있지만, 자신이 의도한 것이 사진에 담길 수 있도록 하는 수준으로 수업의 방향을 잡아야 한다는 것입니다. 개별적으로 앱 활용 역량이 높은 학생에게는 보정 기능을 지도할 수 있겠지만, 학생들이 가지고 있는 스마트폰의 기종이 다양할 뿐 아니라 개인별 앱 활용 능력에 차이가 있으니까요. 어려운 영역까지 수업 내용으로 포함하지 않는 것을 추천합니다.

대표적으로 사진 촬영의 기초가 되는 방법에는 '거리', '각도', '틀' 세 가지가 있는데요. '거리'의 경우 멀리서 찍기와 가까이서 찍기의 방법이 있습니다. '각도'의 경우에는 정면에서 찍기, 아래에서 위를 보고 찍기, 위에서 아래를 보고 찍기의 방법이 있고요. '틀'의 경우에는 스마트폰을 가로 방향으로 찍기

와 세로 방향으로 찍기가 있습니다. 수업 시간에는 학생들에게 각각의 사례가 되는 사진을 함께 보며 비교하고, 어떤 상황 또는 대상을 촬영할 때 어떤 방법이 더 좋은 선택이 될지 생각할 수 있도록 합니다.

초점이 맞지 않을 때
중심 대상을 중앙에 놓고 휴대전화 화면을 살짝 터치해서 초점을 맞춘다.

인물의 크기가 작을 때
인물이 사진기에 가까이 오면 인물과 배경을 모두 크게 찍을 수 있다.

사진 찍을 때 주의 사항
1. **안전하지 않은 곳을 가지 않는다.**
2. **위험한 행동을 하지 않는다.**
3. **사람을 찍을 때는 허락을 먼저 받은 후 찍는다.**
4. **주변 사람들에게 불편을 주지 않도록 조심한다.**

[과제] 감각을 찰칵

사진은 빛을 등지고 찍으면 그림자 때문에 잘 보이지
않아요.
- 빛의 위치 파악하기
- 그림자가 생기지 않도록 위치 조정하기
- 초점 확인하기(흐리게 나타나지 않도록)
- 찍고 싶은 대상이 가운데로 오도록 조정하기

사진 촬영 방법 학습

미술 수업 두 차시의 시간을 활용하여 사진 촬영 방법에 대해 충분히 학습할 것을 추천합니다. 예를 들어, '각도를 다르게 하기'를 주제로 촬영 방법을 학습한 후 즉석에서 교실에 있는 물건을 대상으로 또는 자기가 가지고 있는 물건을 대상으로 사진을 촬영하도록 합니다. 이때, 스마트폰이 없는 학생들의 경우 짝과 함께 찍어 보고 결과를 공유하도록 합니다. 이후 각도에 따른 사진 결과물의 차이점을 발표하고 어떤 상황에서 어떤 각도로 사진을 촬영하면 좋을지 이야기를 나눠 봅니다. 만약 교실에 무선 인터넷이 설치되어 있다면 즉석에서 사진 촬영 결과물을 패들렛에 업로드하고, 직접 사진을 보며 사진 촬영 각도에 따른 차이점을 이해하는 시간을 갖습니다.

온라인 상황에서는

학습 내용을 구글 프레젠테이션이나 파워포인트와 같은 도구를 사용하여 학생들과 함께 학습하고, 각 촬영 기법을 설명 들은 후 즉석에서 촬영 결과물을 제출하면서 비교하도록 합니다. 예를 들어, 각도를 다르게 하여 촬영하기를 학습한다면 각자 자기 주변에 있는 물건을 하나 정하고 정면에서 촬영하기, 아래에서 위로 올려보고 촬영하기, 위에서 아래를 보고 촬영하기를 적용하여 사진을 찍습니다. 이 결과물을 패들렛에 업로드 후 선생님은 화면 공유를 통해 학생들과 각 결과물을 함께 보며 각도에 따른 사진 작품의 차이점을 발표하고 이해하는 시간을 갖습니다.

2. 사진 촬영 결과물 수합하기

사진 촬영 기법에 대한 학습이 종료된 후 약 1~2주의 기간을 두어 사진 촬영 결과물을 받습니다. 스마트폰을 갖고 있지 않은 학생들이 있다면 과제를 제시할 때 다음과 같은 주의 사항을 사전에 안내합니다. 스마트폰 사용에 대한 목적과 허락을 사전에 알리고 사용할 수 있도록 소통이 필요함을 지도합니다.

학급에서 학부모와 소통하기 위해 사용하는 플랫폼이나 온라인 학습 플랫폼 등을 사용하여 사진 작품을 받을 수 있습니다.

[과제] 감각을 찰칵

나에게 휴대폰이 없다면?
- 부모님의 도움을 받습니다.(기계사용 허락받기)
- 부모님이 늦게 오실 경우 미리 어떤 사진을 찍을지 대상과 구도를 생각해두세요.(구체적으로 어떤 위치에서 어떤 각도로 찍을지)
- 부모님이 오신다음에 생각하면 늦어요! >> 미리 생각하고 부모님이 오시면 바로 찍을 수 있도록 준비하세요.

스마트폰 사용과 관련한 사전 지도 내용

사진 수합 기간에 적극적으로 사진을 제출하는 학생이 있는 반면, 사진 제출을 하지 않는 학생들도 있습니다. 따라서 이 기간에는 학부모님과 충분한 소통과 협조가 필요합니다. 많이 제출한 학생들의 경우 제출된 사진 중 친구들과 함께 공유하고 싶은 사진을 하나 선정하도록 합니다. 만약 선생님께서 제출된 사진이 많고 그중에 하나만 골라서 게시하는 것이 아쉽다면 B컷 작품전이라는 소규모 코너를 하나 더 만들어 게시하는 것도 방법이 될 수 있습니다.

⚙ 상담 가능 시간 설정　　ⓘ 　　사용 안내

학부모(　　　)
남양주양지초등학교 4학년 1반

17:39

17:39

학부모 소통 플랫폼 활용 사진 수합

3. 사진 전시하기

　제출된 사진을 모아 게시한 작품이 선정되면 교실 앞쪽이나 뒤쪽의 게시판 또는 복도와 같은 장소를 할애하여 게시합니다. 게시할 때는 사진만 게시하기보다 종이 액자와 같은 틀을 활용하여 게시하는 것을 추천합니다. 사진전의 의미가 살아날 뿐만 아니라 그럴싸한 작품 결과물이 한데 모여 의미 있는 활동 공간으로 바뀔 수 있기 때문입니다. 여기에 더해 작품 제출자의 이름을 표기할 때 '사진가 ○○○' 또는 '포토그래퍼 ○○○' 혹은 '꿈을 찍는 사진자 ○○○'와 같이 자신의 이름을 꾸며 주는 말을 덧붙여 준다면 학생들이 참여하고자 분위기가 높아질 수 있습니다.

　관람하는 친구들에게는 공감의 의견을 표출할 방법으로 스티커를 붙이거나 포스트잇과 같은 작은 메모지를 활용하여 응원의 문구를 붙이게 합니다. 친구들의 피드백을 통해 상호 작용이 일어날 수 있는 작품 전시회가 될 수 있어요. 확장을 원한다면 동 학년 친구들에게 공개할 수 있는 시간을 마련하여 소감을 받는 것도 좋습니다.

'봄이 가나 봄'이라는 주제로 운영한 사진전

Canva나 미리캔버스 또는 구글 프레젠테이션과 같은 도구를 활용하여 학생들의 작품을 한 페이지씩 할애하고 게시하는 방법이 있습니다. 구글 도구를 활용할 경우, 댓글 기능 사용이 가능하도록 공유한다면 다양한 의견을 쉽게 주고받을 수 있는데요. 약간의 기능을 적용하길 원한다면 mp4 형식의 동영상으로 추출하여 뮤직비디오와 같은 결과물을 만들고 공유할 수도 있습니다.

4. 전시가 끝나고 난 뒤

전시회가 끝나고 난 후 사진 촬영의 과정과 전시 기간에 받았던 다양한 의견들에 대한 소감을 받는 것도 의미 있는 과정이 될 수 있습니다. 피드백을 통해 한 걸음 더 성장할 수 있기 때문입니다. 등교 수업 기간의 경우 일정한 양식을 활용하여 소감을 받아보고 공유할 수 있습니다.

소감 발표의 시간을 갖습니다. 각자의 의견을 조금이라도 받기 위해서는 디지털 도구를 활용하여 소감을 문장으로 작성하게 하거나 동영상으로 소감을 발표하도록 합니다. 무엇보다 사진 촬영과 전시 기간에 느꼈던 다양한 생각과 느낌을 공유할 수 있는 접근성 쉬운 플랫폼(패들렛 또는 플립그리드 등)을 활용하면 좋습니다.

실제 활동 후기 · 팁

학생들 중에는 스마트폰을 소유하지 않은 경우도 있습니다. 이런 경우 사진 제출 방법에 대해 고민하거나 어려워하는 경우가 있어 개별적으로 제출 방법에 대해 안내할 필요가 있습니다. 집 주변의 공간에서 사진을 촬영하고 싶은 장소를 선정하고 부모님께 말씀 드려 촬영할 수 있는 협조를 구하도록 지도해야 합니다.

사진을 게시할 경우, 구매하게 될 액자의 크기를 알아보고 학생들이 제출한 사진이 온전하게 보일 수 있는지 확인합니다. 종이 액자를 구매하여 사용할 경우, 사진을 컬러로 출력한 후 손코팅 필름을 붙여서 빳빳한 상태로 만들면 쉽게 액자에 넣을 수 있고 손상도 방지할 수 있답니다.

참고 자료

· 김정선 외 5인(2018). 초등학교 미술 4, 금성출판사.

'월드 카페'로 토의·토론 수업하기

#토의·토론수업 #편안한분위기 #학부모공개수업 #학생참여수업 #꿀잼
● ● ● ● ● ●

    토의·토론 수업은 학생들이 직접 참여할 수 있어서 즐거워하고 좋아하는 수업 중 하나입니다. 하지만 모든 모둠에 선생님이 계속 함께할 수 없어서 걱정스럽습니다. 또한 토의·토론 능력이 우수한 학생 위주로 활동이 흘러가기 쉽습니다. 평소에 친구들 앞에서 말하기를 부끄러워하는 학생들은 말 한번 하지 못하고 구경하는 수업이 되기 쉽거든요. 이런 문제점들을 조금씩 보완하는 활동이 있는데요. 절차가 복잡하지 않아 금방 적용하기 쉽고, 저학년 학생들도 조금만 익숙해지면 충분히 참여할 수 있습니다. 더 나아가, 수업을 보러 오신 학부모님과도 함께 진행할 수 있어서 학부모 공개수업에도 적용할 수 있습니다.

'월드 카페'로 학생-학부모 토론 수업해요

'월드 카페'란 카페에서 편안하게 이야기하듯 모둠에서 의견을 공유하는 활동입니다. 진행자(호스트)가 필요하며, 일정 시간이 지나면 진행자만 남고 모둠 구성원이 바뀝니다. 진행자는 지금까지의 이야기 진행 상황을 간단히 요약해서 알려 주며 계속해서 의견을 나누는 활동을 독려합니다.

이 활동의 가장 강력한 장점으로는 모둠 책상에 커다란 종이를 깔아 두어 자유롭게 낙서한다는 거예요. 발표하기 부끄러워하는 학생들은 종이에 자신의 의견을 적거나, 다른 사람의 의견에 동의를 표현하는 방법으로도 의견을 전달할 수 있습니다. 그리고 의견에 대해 비난하지 않습니다. 진행자는 모둠원이 의견을 낼 때 많은 격려를 해 줍니다.

그리고 같은 주제로 계속 이야기를 진행해도 모둠 구성원이 계속 바뀌기 때문에 새로운 아이디어가 더해질 수 있습니다. 진행자는 모둠에서 나온 모든 이야기를 잘 정리해 둔 뒤에 전체 발표 시간에 결과를 발표합니다. 아래에 나오는 수업은 5학년을 대상으로 하는 학부모 공개수업 상황입니다.

※ 월드 카페 출처 : http://www.theworldcafe.com

토의·토론 수업에 적용하기 전에 학생들과 월드 카페 형식을 충분히 연습해 둡니다. 활동 방법을 익히는 가장 좋은 방법은 학생들이 좋아하는 주제나 금방 생각해 낼 수 있는 내용으로 연습하는 것입니다. 예를 들면, 현장체험학습 장소를 정하는 것을 주제로 월드 카페 활동을 연습할 수 있습니다.

활동 순서는 월드 카페 진행 방법 설명하기, 진행자 교육하기, 주제 정하기, 월드 카페 진행하기, 발표 내용 공유하기입니다.

1. 진행 방법 설명하기

월드 카페가 어떻게 진행되는지 배우는 시간입니다. 모둠은 몇 명으로 구성할지 정합니다. 모둠원의 수에 따라 진행 시간이 결정되는데요, 모둠원이 모두 이야기할 수 있을 만큼 충분한 시간을 줘야 합니다. 모둠 준비물인 종이를 사용하는 방법도 설명합니다. 브레인스토밍을 하는 데 도움이 되는 낙서도 괜찮다고 알려 줍니다.

가장 중요한 진행자의 역할은 선생님이 직접 보여 주도록 합니다. 모둠에서 나온 의견에 격려하는 모습, 순서대로 의견을 말할 수 있도록 발언권을 주는 모습, 모둠의 의견을 잘 정리하는 모습을 빠짐없이 보여 줍니다. 특히 일정 시간이 지나 새로운 모둠 구성원이 모였을 때 이전의 이야기 결과를 요약해서 알려 주는 것도 보여 줍니다.

2. 진행자 교육하기

교사가 한번 설명하는 것으로 진행자의 역할을 완벽하게 이해하기는 쉽지 않을 것입니다. 월드 카페를 연습 삼아 한 번 활동해 본 다음 진행자를 따로 불러 교육하는 것도 의미가 있습니다. 결국 진행자는 모둠 내 선생님의 역할이기 때문입니다. 진행자끼리 모여 있을 때 질문을 받거나 어렵다고 생각하는 부분을 한 번 더 짚어줍니다. 월드 카페 활동이 익숙해지면 학급의 모든 사람들이 진행자를 한 번씩 체험할 수 있도록 할 수 있습니다.

3. 학부모 공개수업에서 주제에 대해 이야기하기

학생들에게 평소 부모님과 어떤 부분에서 의견 충돌이 있었는지 사전에 조사합니다. 너무 어렵지 않지만 진지하게 이야기를 나눌 수 있는 주제가 좋아요. 특히 찬성과 반대가 적절한 비율로 나뉘는 주제를 선택하면 열띤 토론을 할 수 있습니다.

- 학생들의 취미생활, 부모님께서 어디까지 허락해 줘야 할까요?
  (예를 들면 짙은 색조 화장, 용돈을 써서 게임 아이템을 사는 것 등)
- 스마트폰을 하루에 몇 시간 하는 것이 적절할까요?
- 초등학생의 한 달 용돈으로 적절한 금액은 얼마일까요?
- 초등학생의 이성 교제에 대해서 찬성하십니까?

4. 수업의 도입 : 간단한 퀴즈

학부모 공개 수업의 도입으로 간단한 퀴즈 활동을 해 보았습니다. 5학년 수업 내용에 맞게 학생들이 요즘 사용하는 단어를 문제로 냈는데요. 부모님께서 10개 문제 중에 1~2개 문제 정도 정답을 맞히시는 것을 보고 학생들은 많이 놀라워했습니다. 신조어 외에도 학생이 직접 문제를 내고 부모님께서 답을 이야기하거나, 부모님께서 즉석에서 문제를 내고 학생이 답할 수도 있습니다. 가족에 대해 서로 얼마나 알고 있는지 확인하는 문제면 더욱 좋을 것 같습니다.

선생님 : 페메는 무엇일까요?
학부모 : 음…
학 생 : 페이스북 메시지요!

학 생 : 나의 보물 1호는 무엇일까요?
부모님 : 음… 휴대폰?

부모님 : 엄마 신발 사이즈는?
학 생 : 음… 모르겠어요.

📡 온라인 상황에서는

1. 퀴즈 프로그램 사용하기

교사가 준비한 퀴즈라면 사전에 슬라이드를 만들어 놓거나, 다양한 효과가 가능한 퀴즈 프로그램을 사용할 수 있습니다.

WIFI-off   단답형   1/1

26   페메는 무엇일까요?

정답을 맞혀 보세요.

결과 확인

2. 즉석 문제는 호스트만 볼 수 있는 채팅으로 답 보내기

문제를 미리 만들어 놓을 수 없는 경우는 채팅을 '호스트만' 으로 선택해 놓습니다. 학생들이 문제를 내거나 학부모님께서 문제를 내신 경우 선생님이(호스트) 문제를 채팅에 다시 한번 써서 소리가 잘 안 들리는 사람들도 문제를 알 수 있게 합니다. 답변도 선생님만 볼 수 있기 때문에 누가 제일 먼저 문제를 맞췄는지 확인할 수 있습니다.

메모장이나 화이트보드 화면을 공유하는 방법도 있습니다.

5. 월드 카페에 대한 간단한 안내

학부모님께서 월드 카페 활동에 직접 참여해야 하기에 활동에 대해 간단히 안내합니다. 학생들이 월드 카페 활동을 할 때 꼭 지켜야 할 부분이나, 잘 안 지켜지는 부분을 한 번 더 설명하는 것이 좋습니다. 월드 카페 설명을 화면에 띄우기 전에 학생들이 월드 카페에 대해 설명하는 것도 좋은 방법이에요.

선생님 : 월드 카페 활동을 설명할 수 있는 학생이 있나요?

학   생 : 주제에 대해 간단히 이야기를 나누고 선생님께서 종을 치면 진행자만 남고
          다른 모둠으로 갑니다.

선생님 : 좋아요. 진행자는 어떤 역할을 맡나요?

학   생 : 새로 온 사람들에게 지금까지 나누었던 이야기를 정리해서 어떤 이야기를
          나눌지 알려 줍니다.

선생님 : 주의할 점은 무엇인가요?

학   생 : 발표하기 부끄러우면 종이에 자신의 의견을 그냥 써도 됩니다.

6. 월드 카페 모둠 운영하기

월드 카페 모둠 주제는 2~3가지 정도 준비합니다. 다음 모둠으로 이동해서 다른 주제로 토론에 참여할 수 있도록 모둠 동선도 생각해 둡니다. 첫 모둠은 학생과 학부모님이 함께 시작하고, 두 번째 이동했을 때는 자신의 자녀가 아닌 다른 학생들과 토론을 진행하는 것도 재미있습니다.

담임 교사 입장에서 전체 수업 시간을 조절하는 방법도 모둠 운영에 있습니다. 모둠 내 토론에 시간을 충분히 주고 모둠 이동을 줄이는 방법도 있고, 의견이 금방 조절되면 모둠 이동을 여러 번 할 수 있습니다.

토의 상황이라면 찬성과 반대의 비율을 생각하지 않아도 되지만, 토론 상황이면 찬성과 반대 비율을 조절해야 원활하게 활동을 할 수 있습니다. 비율의 조절은 크게 두 가지로 할 수 있습니다.

1. 새로 모인 모둠에서 진행자가 찬성과 반대의 비율을 조절할 수 있습니다.
2. 학생이 찬성과 반대 중 한쪽을 정했을 때 모둠 동선을 미리 정한 뒤 그 동선 대로만 이동하는 방법도 있습니다.

1. 줌 소회의실 기능을 사용한 모둠 토론

줌 소회의실에는 수동과 자동 할당 기능이 있습니다. 학생들이 원하는 모둠에 가고 싶을 때는 수동으로 할당을 선택합니다. 만약 학생들이나 학부모님이 모둠을 골라서 입장하는 것이 서툴다면 선생님이 회의실 안에 회의 참여자를 할당해 주는 작업을 해야 합니다.

2. 패들렛이나 구글 슬라이드에서 토론 결과 정리하기

모둠 내 진행자는 패들렛이나 구글 슬라이드에 회의 내용을 잘 정리해 둡니다. 만약 오디오 상황이 원활하지 않다면 패들렛 채팅창을 사용해서 이야기를 진행하거나, 패들렛 댓글로 의견을 받을 수도 있습니다.

7. 월드 카페 결과 정리와 수업 느낌 나누기

월드 카페 모둠 진행자들에게 토론 내용의 결과를 발표하도록 합니다. 모둠 내에서 의견을 좁히는 과정이 어땠는지 이야기할 수 있어요.

수업을 마치기 전에는 반드시 학부모님의 소감과 학생들의 소감을 듣는 시간을 갖습니다. 학부모님께 공개수업에 참여한 학생들의 수업 태도에 대한 이야기를 들어도 좋고, 학생들과 함께 토론한 내용에 대한 소감을 들어도 의미 있습니다. 또한, 부모님과 함께 수업하고 부모님과 의견이 많이 다름을 느낀 학생들의 의견을 듣는 것도 좋습니다.

· 실제 활동 후기 • 팁 ·

이 수업을 진행했을 때 다음과 같은 결과를 얻었습니다. 학부모님을 열띤 논리로 적극 설득하고 있는 학생, 반대로 어른의 논리로 학생들을 적극 설득하고 있는 학부모님을 관찰할 수 있었습니다. 월드 카페 자리를 변경할 시간이 되어 종을 쳤는데 토론에 몰입하여 학부모님들께서 다음 모둠으로 떠나지를 못하셨습니다.

수업이 끝나고 소감을 들었을 때 부모님의 논리에 설득된 학생들도 있었고, 학생들의 논리에 수긍하는 학부모님도 계셨습니다. 이러한 수업이 처음이라고 놀라워하는 아버님도 계셨습니다.

9~10월 | 행사

2학기 학부모 상담

#1학기상담과다름 #1학기피드백 #상담도구 #질문지법 #RIASEC

여름방학이 끝나고 2학기가 시작됐습니다. 방학 동안 훌쩍 자란 학생들과 새로운 긴장감과 기대를 안고 2학기를 준비합니다.

2학기 학부모 상담

2학기 학부모 상담은 1학기 학부모 상담과 다른 점이 있습니다. 선생님은 학생들과 한 학기 생활했으므로 학생들의 특성을 파악한 후이며, 학부모님도 교사 스타일을 파악하고 좀 더 구체적으로 학생의 발전과 성장을 도모할 수 있는 관계가 된 것이죠.

·· 활동 설명 ··

학부모 상담을 위해서는 어떤 과정이 필요할까요? 상담에 본격적으로 들어가기 전에 학생들의 심리나 태도, 상황 등을 파악하는 시간을 가져야 할 거예요. 문장완성검사, 어항 그림 그리기, RIASEC, 작품 모음집 등의 여러 도구를 활용하여 학생을 파악하는 시간을 가져 봅니다.

1. 문장완성검사(SCI) (3~6학년)

문장 완성하기

번호(　　) 이름(　　　　　)

♧ 이제부터 간단한 글 만들기를 해봅시다. 아래의 문장들을 완성해 보세요.

1. 내가 가장 행복할 때는 _____
2. 내가 좀 더 어렸다면 _____
3. 나는 친구가 _____
4. 다른 사람들은 나를 _____
5. 우리 엄마는 _____
6. 내가 자주 하는 공상은 _____
7. 나에게 가장 좋았던 일은 _____
8. 내가 제일 걱정하는 것은 _____
9. 대부분의 아이들은 _____
10. 내가 좀 더 나이가 많다면 _____

11. 내가 가장 좋아하는 사람은 _____

12. 내가 가장 싫어하는 사람은 _____

13. 우리 아빠는 _____

14. 내가 가장 무서워하는 것은 _____

15. 내가 가장 좋아하는 놀이는 _____

16. 내가 제일 아끼는 것은 _____

17. 내가 가장 가지고 싶은 것은 _____

18. 여자 애들은 _____

19. 나의 좋은 점은 _____

20. 나는 때때로 _____

21. 내가 꾼 꿈 중에서 제일 좋은 꿈은 _____

22. 나의 나쁜 점은 _____

23. 나를 가장 슬프게 하는 것은 _____

24. 남자 아이들은 _____

25. 선생님들은 _____

26. 나를 가장 화나게 하는 것은 _____

27. 나는 공부를 _____

28. 내가 꾼 꿈 중 제일 무서운 꿈은 _____

29. 우리 엄마 아빠는 _____

30. 나는 커서 _____

31. 내 소원이 이루어질 수 있다면 _____

32. 내가 만일 외딴곳에서 혼자 살게 된다면 _____ 와(과) 같이 살고 싶다.

33. 내가 만일 동물로 변할 수 있다면 _____ 가 되고 싶다.

　　왜냐하면 _____

우리는 상담 전문가가 아니므로 섣불리 해석하거나 단정하는 것을 주의해야 합니다. 이 문장완성검사를 통해서는 가족 관계(가족에 대한 태도, 자기를 대하는 가족의 태도, 가정의 분위기 등), 교우 관계(사교성, 교우에 대한 태도), 신체 관계(자기 외모, 열등감), 일반적 대인 관계(이성이나 동성에 대한 태도, 성 역할, 권위자에 대한 태도 등), 감정(불안과 행복감의 대상 등), 자기상(자신을 어떻게 보고 있는지, 자존심, 갈등 시 행동)을 파악할 수 있답니다. 객관적으로 채점할 수 없지만, 검사 결과를 학부모님과 공유하며 학생에 대한 이해도를 높일 수 있어요. 물론 학생에게 비밀보장이 되어야 함도 말씀드려야 하겠죠?

2. 어항 그림 그리기(1~2학년)

어항 속에 물고기 가족을 그리도록 합니다. 무엇을 하는 모습을 그려도 좋다고 얘기하며, 학생들의 질문에는 "하고 싶은 대로 자유롭게 표현해 주세요."라고 대답해 주세요. 이 또한 그림에 대해 정확히 해석하고 판단할 수 있다기보다는, 다양한 상담 자료 중 하나이며 아동의 특성을 엿볼 수 있는 자료라고 말씀드리면 좋습니다.

어항 그림

물고기가 지나치게 크면 자기중심적, 외향적이며 지나치게 작으면 내향형입니다. 아래에 집중되면 사고적, 위로 집중되면 행동적이고요. 다만, 이러한 해석은 참고용으로 사용해 주시면 됩니다.

3. RIASEC 검사

주니어 커리어넷 <흥미 탐색> -저학년, 고학년용

창체 시간에 컴퓨터실에 방문하여 커리어넷(www.career.go.kr)을 소개하고 흥미 탐색을 하도록 합니다. 그리고 결과 해석 방법을 학생들에게 알려 주고, 자기 이해 시간을 갖도록 합니다. 이를 학부모 상담 때 자료로 쓴다면 학부모와 교사가 학생의 특성을 파악하는 데 도움이 될 거예요.

Realistic(실재형)
몸을 쓰는 일, 기계와 컴퓨터, 말이 적고 현실적임, 경찰관, 정비원, 운동선수, 요리사 등
Investigated(탐구형)
지적 호기심이 높음, 논리적이며 분석적, 조용하고 독립적, 교수, 학자, 의사, 연구원 등
Artistic(예술형)
창조적, 창의적, 감수성이 풍부하며 자신만의 방식 추구, 화가, 소설가, 음악가 등 예술가
Social(사회형)
친절함, 타인에게 도움주는 일, 같이 일하는 것을 선호, 교사, 간호사, 상담가, 매니저 등
Enterprising(기업가형)
말로 설득, 리더형, 추진력, CEO, 변호사, 아나운서, 정치인, 판사 등
Conventional(관습형)
꼼꼼하고 구체적, 안정을 추구, 책임감, 숫자에 강함, 은행원, 공무원, 비서, 회계사 등

4. 학생 작품 포트폴리오

평소 학생들의 학습지, 미술 작품, 공책 필기(주제 글쓰기, 일기 등)를 모아 둔 결과를 보면서 학생의 과업 성취 수준이나 성향, 평소 생각이나 마음, 태도, 표현력 등을 파악하여 상담 자료로 쓸 수 있습니다.

활동 시나리오

1. 상담 준비하기

복도에 상담 준비
학부모님이 일찍 오시는 경우나 앞 상담이 길어져 기다리는 경우가 생길 수 있으니 복도에 간단한 차 혹은 읽을거리를 준비해 둔다면 교사의 배려를 느끼실 수 있겠지요?

상담의 기본 도구는 언어와 대화입니다. 하지만 중간에 매개물이 있으면 대화가 더 잘되고 이해가 깊어지겠죠? 앞서 소개해드렸던 문장완성검사, 어항 그림 그리기, RIASEC 결과, 작품 모음집 등을 미리 준비해 두시는 것을 추천 드립니다.

2. 학업 상담하기

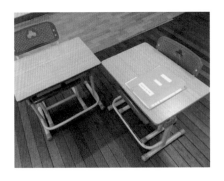

교실에 상담 자리 배치
교사는 자기 자리, 학부모는 학생 자리에 앉는다면
학생 자리에 앉은 학부모는 위협감이나 이질감을
느낄 수 있습니다. 따라서 동등한 자리를 갖는 것을
추천합니다. 마주 보는 것은 부담스러우므로 옆자
리를 마련합니다.

    1학기 수행 평가 장면이나 교사별 평가 혹은 단원 평가 내용을 모아 두고 피드백하는 것이 좋습니다. 점수보다는 성취 수준과 발전 가능성에 대해 말씀드리는 것이 좋겠지요?

    학생들의 학업 수준 상담이 자세할수록 학부모님들의 교사에 대한 신뢰도가 높아집니다. 예를 들어, '나눗셈에서 자릿수 실수가 잦다', '시험에서 마지막 문제에 긴장감이 풀린다', '서술형 문제 파악을 어려워한다' 등 구체적으로 관찰한 것을 말씀드리는 것이 좋아요. 이에 대해 구체적 해결 방법을 모색하고 조언해 드리면 학부모님들은 교사에게 감사한 마음을 갖게 될 겁니다.

    교사 스스로 내가 어떻게 공부를 했는지, 주변 친구들은 어떻게 공부를 했는지, 자녀를 어떻게 공부시켰는지에 대한 생생한 경험과 조언들도 학부모에게 큰 도움이 될 것이라 생각해요. 예를 들어, 수학 계산 시 속도와 정확성에서 어려움이 많다고 하면 '구*수학'이나 '눈** 수학'을 하는 것을 조언해 드릴 수도 있고요. 사교육을 조장하는 것이 아니냐고 반문하실 수 있지만, 학부모님이 원하시는 것은 내 자녀를 위한 구체적인 도움말이라고 생각합니다.

3. 학교 생활 상담하기

 학생들의 교우 관계를 파악하는 것이 좋습니다. 학부모님에게 교우 관계 지도 그리기 활동이나 친하게 지내고 싶은 친구 글쓰기, 평소 친구들과 생활하는 모습 등 객관적인 관찰 사실을 전달해 드립니다. 혹은 집단에서의 남학생, 여학생들의 특징을 말씀드리는 것도 도움이 돼요. '남학생의 경우 2/3는 운동을 좋아하고, 1/3은 과학이나 책 읽기 등 정적인 활동을 좋아한다', '남학생들은 단짝이 꼭 필요 없는 경우가 많으며, 관계 중심적이지 않는 경우도 많다', '여학생들은 관계 중심적인 경우가 많은데 특히 3각 관계 등 긴장감이 있으므로 항상 관찰해야 한다', '저학년 때는 어머님의 관계가 자녀 관계로 이어지는 경우가 많으나, 고학년은 자신이 좋아하는 친구를 스스로 선택하며 만든다' 등 교사가 일반적으로 알고 있거나 도움이 될 만한 정보 제공으로도 학부모님들은 자녀의 학교생활에 대한 이해도를 높일 수 있답니다.

4. 가정 생활 상담하기

 학생들은 학교에서와 가정에서의 모습이 다른 경우가 많은데요. 학부모님에게 학생들의 학교 생활은 존중받아야 함을 말씀드리며 자녀의 공식적인 사회 생활을 위해 어떻게 하는 것이 좋을지에 대해 대화합니다.
 '좋은 부모는 좋은 교사를 이긴다.'라는 말이 있습니다. 혹시 학교 생활에 차신감이 없거나 문제가 보이는 경우, 가정에서의 안정은 무엇보다 중요함을 강조합니다. 부모는 자녀에게 '항상 네 편에 있는 사람이 있다. 그건 엄마와 아빠이다.'라는 메시지를 언어뿐 아니라 행동으로 보여 주어 안정감을 가지도록 해야 한다고 조언하고요. '잘 먹이고, 잘 입히고, 푹 재우는' 생존의 욕구가 가정에서 충족되어야 한다고 말씀드립니다. 그것이 바탕이 된 곳에서 같이 놀아주기, 대화하기, 스킨쉽 하기 등이 실행되어야 해요. '양육'은 기본적인 바탕이고 너무나 당연한 것인데, 요즘 위기에 있는 가정이 많은 모습을 보면 기본 욕구가 채워지지 않은 안타까운 학생들을 만나게 되거든요.

가정이든 학교에서든 한 곳에서는 소위 '지랄'을 해야 건강하다는 말이 있습니다. 학교와 집에서 모두 올바른 학생은 어딘가 병들어 있는 경우가 있다고 해요. 물론 취미 등으로 건강하게 푼 것일 수도 있겠지요. 이런 말씀을 드리고 자녀들도 나름대로 학업, 교우 관계, 가정 생활 등에서 스트레스를 받고 있으므로 이를 풀 기회가 있어야 한다고 말씀드립니다. 미술, 음악, 운동 등 좋아하는 취미 활동을 하도록 하거나 또래들과의 놀이가 도움이 될 수 있다고도 말씀드려요. 또한, 저는 학부모님들께 자녀와의 데이트를 권해 드리는데요. '특별한 대화(학업, 교우 관계 등)를 하지 않고 자녀와 외출하여 맛있는 것을 먹고 오는 숙제'를 해 보시라고 권합니다. 한 달에 한 번, 안 되면 1년에 2~3번 정도이더라도 그 시간은 바쁜 학교와 학원 생활에서 부모님과 특별한 추억과 재미, 애정을 느끼는 시간이 될 거예요. 학생이 형제자매 관계 중 둘째이거나, 가족 내 관계를 어려워하는 상황일 때 추천하기도 합니다.

실제 활동 후기 | 팁

'학부모님은 시어머니다', '학생은 고객이다'라는 말이 종종 회자되고는 합니다. 이들은 지나친 간섭을 하기도 하고 고객으로서 학교나 교사에게 여러 요구를 하기도 하죠.

하지만 학교에서 학부모님은 '학생의 바람직한 성장'이라는 같은 목표를 가진 분들입니다. 따라서 서로의 교육관을 존중하며 생활하는 것이 중요합니다. 어떤 학부모는 자녀에 대한 지나친 애정으로 왜곡된 학교나 교사상을 갖고 있기도 한데요. 교사의 교육 활동에 대한 오해나 간섭이 생기기도 하고요. 학부모 상담은 오해를 차단하며 소통할 중요한 기회가 됩니다. 상담 중 자녀에 대한 칭찬이 90%가 되도록 하시고, 조심스러운 관찰 사실은 나머지 10%의 비중으로 말씀드리시길 추천합니다.

❓참고 자료

· 유튜브 채널 <미술친구벨>(2020), 물고기가족화로 미술심리치료하기/가족미술치료 그림진단검사하기/심리미술수업 프로그램, https://www.youtube.com/watch?v=xGgZh55R3B8.

인권 교육, 그리고 학교 생활 인권 규정

#의무 #책임 #자율성 #나의인권과너의인권모두다중요해 #생활인권규정

● ● ● ● ●

선생님, '인권 교육' 어떻게 진행하고 계시나요? 저의 경우, 첫 발령으로 근무하게 된 학교에서 2년 연속 인권 교육 업무를 맡게 됐었는데요. 작년 선생님의 기안문과 첨부 파일을 찾아보니 너무나 오래된 자료라 '학생들에게 얼마나 도움이 될까?'라는 생각이 문득 들게 되더라고요. 그래서 신규의 열정으로 필요한 자료를 찾고, 학습지를 만들어 각 학년에 수업 내용을 전달했죠. '인권이라는 개념이 저학년 친구들에게 어려운 개념이지 않을까?' 하는 생각에 1-2

학년용, 3-4학년용, 5-6학년용 참고 영상과 학습지를 만들어 배부한 기억이 있습니다. 신규인 제가 진행한 인권 교육인 만큼 이 책을 읽으시며 '풋'하고 웃으실 수도 있지만, '무식하면 용감하다!'라는 마음으로 저의 인권 교육 경험을 선생님들과 나누어 볼까 합니다.

인권 교육 & 학교 생활 인권 규정

'인권 교육'은 알겠는데 '학교 생활 인권 규정'은 왜 제목에 함께 나온 걸까요? 이야기를 시작하자면, 제가 근무했던 학교의 5학년은 아주 '유명한' 학년이었습니다. 사실 학교의 행사는 업무 담당자가 전교 학생을 대상으로 해당 업무와 관련된 수업(인권 수업)을 계획하고, 실제 진행은 담임 선생님들께서 맡아 진행하시죠. 하지만 위에서 이야기했던 해당 학년 덕분에 제가 근무했던 학교에서는 업무 담당자였던 제가 해당 학년의, 특히 문제가 도드라졌던 한 학급에 들어가 학교 생활 인권 규정에 대해 설명하는 특별 수업을 진행하기도 했습니다.

단순히 학생들에게 "인권은 중요해. 특히 학교에서 너희들이 보장받는 인권에는 ~한 것들이 있고, 이것들은 마땅히 보장되어야 해."라고 말하는 것을 넘어, 학생들이 학교에서 서로 지키고 존중해야 하는 것, 어른들로부터 보호받아야 하는 것의 뿌리가 '학교 생활 인권 규정'에 명시되어 있음을 안내했습니다. 그리고 이를 지키지 않았을 때, 소위 말해 학생 징계 이전 단계였던 '성찰 교실' 제도를 학생들에게 설명하고, 앞으로 계속 문제가 발생할 경우 어떤 결과가 초래될지 규칙의 중요성과 필요성에 대해 안내하되 모두가 규칙을 지킬 때 비로소 모두가 평화로운 학교 생활이 가능함을 알려 주었습니다. 이렇듯 '사회 계약'의 기본 원리를 안내하는 기회가 될 수 있었습니다.

해당 학급 이외에도 전교 학생들, 특히 고학년의 경우 예년에는 학교에서 들어본 적 없던 '학교 생활 인권 규정'과 '성찰 교실'에 관한 이야기를 무지막지하게 많이 들었던 한 해가 되었고, 열정 넘치는 업무 담당자였던 저는 담임 선생님들께 학교 생활 인권 규정을 무려 '컬러 인쇄 + 철' 하여 각 학년에 보관하고 학생들에게 알려 달라는 부탁의 말씀을 남기기도 했습니다. 학교 생활 인권 규정과 성찰 교실이 알려지게 되는 흐름에 교무부장님 역시 아침 쪽지를 통해 '해당 규정을 창체 시간을 통해 학생들에게 안내 부탁드린다'는 장문의 메시지를 보내셨던 기억이 있네요. 이처럼 단순히 각 학급 담임 선생님들의 개별적인 생활지도를 넘어, 학교 자체의 규정 마련과 규정 안내 및 실시, 그리고 그에 대한 학생·학부모님의 노력으로 고학년의 생활 지도가 조금 더 수월해질 수 있었으며 요주의 5학년 역시 학교 폭력 사건 없이 무사히 졸업을 할 수 있었습니다.

제가 이렇게 길게 학교 생활 인권 규정에 대해 말씀드리는 까닭은, 학교 생활 인권 규정은 학생들의 학교 안 생활과 학생 인권에 대해 규정하고, 학교 구성원들 모두가 행복한 학교 생활을 해 나갈 수 있도록 하는 하나의 약속 체계라 생각했기 때문이에요.

활동 설명

제가 진행했던 인권 교육은 1학기와 2학기로 나누어 학기당 1회씩 진행했는데요. 사실 업무 담당자 입장에서는 '뭘 이렇게 많이 하나…', '자료는 또 어떻게 구하나…' 하는 생각이 앞서는 게 사실입니다. 그래서 1학기에는 자치회 학생들을 대상으로 학교에서 지켜야 하는 학생 생활 인권 규정에 대해 설명했습니다. 자치회 학생들에게 교실로 돌아가 학급 회의 시간에 오늘 배웠던 내용을 친구들에게 설명해 달라는 이야기도 전달했고요.

자치회 학생 연수 이후 담임 선생님들께 **초 학생 생활 인권 규정 파일을 메신저로 전송해 드렸고, 학급 회의 시간에 학급 대표들이 다른 학급 친구들에게 학생 생활 인권 규정과 관련된 전달 연수를 할 수 있도록 부탁드린다는 쪽지를 보내 드렸습니다.

2학기에는 인권과 관련된 영상 시청 후 내용과 관련된 학습지로 수업을 마무리했습니다. 수업 말미에 경기도 학생 인권 조례 및 학교 생활 인권 규정에 대해 안내하고, 홍보해 주십사 부탁했던 것이 전부이기도 해요. 위에서 설명한 학교 특성상, 도움이 필요하다고 느낀 담임 선생님들께서는 생활 인권 규정에 있던 성찰 교실을 적극 활용하셔서 업무 담당자였던 제가 학창시절 경험했던 학생주임 선생님과 같은 역할을 해야 했던 적도 있었지요. 다만, 학교 폭력 업무 처리처럼 교사, 학부모, 학생 모두에게 무겁기만 한 수단이라기보다는 학교 이름을 걸고 공식적으로 학생의 평소 행동과 가정에서의 학생 지도 계획을 다짐받는 시스템으로 작용했던 것이라고 봅니다. 학부모님들 역시 보다 진지한 태도로 가정에서의 학생 지도를 다짐해 주셨답니다.

활동 시나리오

1. 학년별 영상 선정하기

유튜브에 인권 관련 영상을 검색하면 굉장히 다양한 영상을 찾아볼 수 있는데요. 많은 영상 중에서도 학생들이 이해하기 쉬운 인권 개념을 제시한 영상, 그리고 다양한 영역(남녀 차별, 장애, 생김새, 국적 등)에서 인권이 침해되는 상황이 포함된 영상을 준비했습니다. 국가인원위원회 영상 및 EBS 클립뱅크, 각 시도 교육청 인권 교육 관련 영상을 활용할 수 있답니다.

[전교생 대상] : '인권이의 일기 : 국가대표 축구선수가 꿈인 소녀'
[1-2학년 대상] : '목이 짧은 기린 라프 이야기, 넌 어느나라에서 왔니?' +학습지
[3-4학년 대상] : '넌 어느 나라에서 왔니?, 삼정 복지원 인권 애니메이션' +학습지
[5-6학년 대상] : '삼정 복지원 인권 애니메이션, 경기도 학생인권조례 애니메이션' +학습지

2. 학습지 만들기

영상 내용과 인권 내용이 포함된 학습지를 만듭니다. 인권 관련 내용은 도덕 교과서와 연계하여 구성했습니다. 학년 군별로 활동지의 난이도가 다소 다르지만, 저학년의 경우 활동지 앞면에 영상을 보고 인상 깊은 장면을 그림으로 그리도록 하고, 인권이란 무엇인지 올바른 단어에 동그라미를 표시하도록 하여 인권 개념을 학습하도록 했습니다. 그리고 중·고학년의 경우 저학년의 활동을 포함하여, 우리 사회에서 발생하는 여러 인권 차별적인 모습을 찾아 마인드맵으로 간단히 정리하도록 했습니다. 또한, 빈칸 채우기 활동을 통해

234 혼자서도 가능한 온라인 수업 레시피

올바른 인권 존중의 모습이 무엇인지 알맞은 낱말을 찾아보도록 했고요. 그리고 모든 학습지의 뒷면에 경기도 학생인권조례를 안내했으며, 인권옹호관 제도에 대해서도 홍보했습니다.

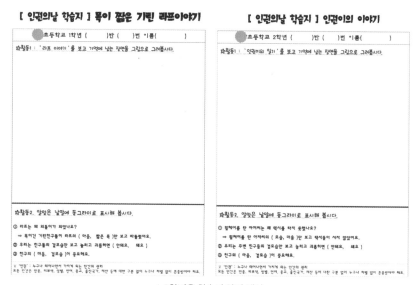

1-2학년용 학습지 앞면 예시

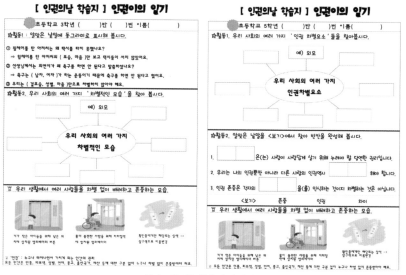

3학년, 5학년용 학습지 앞면 예시

[경기도 학생인권조례 안내]

1. 경기도 학생인권조례란 무엇인가요?

☺ 경기도 학생인권조례는 학생들의 인권을 보호할 수 있는 내용으로 이루어져 있습니다.
☞ 학생의 인권과 교사의 교권의 상호 존중 및 배려
☞ 학생의 존엄과 가치 및 자유와 권리 보장

2. 경기도 학생인권조례 이것은 꼭 알아두세요.

☺ 학교에서의 체벌은 금지됩니다.
☞ ●초등학교에서 교사의 학생에 대한 체벌은 금지됩니다.
☞ 단, 교사에게 불손한 행동, 친구 간 따돌림 및 폭력사용의 경우 성찰교실, 선도위원회, 학교폭력위원회 등을 열어 징계정도를 정하게 되고 학생 생활지도에 활용하게 됩니다.

☺ 학생은 복장, 두발 등 용모에 있어서 자신의 개성을 실현할 권리를 갖습니다.
☞ ●초등학교는 학생의 자유를 존중하되, 신체의 청결을 유지할 것을 규칙으로 하고 있습니다.
☞ ●초등학교는 과도한 화장 및 노출이 많은 옷차림, 짙은 색의 렌즈 착용 등 다른 친구들의 학습 분위기에 영향을 끼칠 수 있는 용의복장을 금지하고 있습니다.
☞ ●초등학교는 교육적 목적으로 학생지도가 필요한 경우 복장 및 두발 등에 관한 교사의 지도가 가능합니다.

☺ 학생의 휴대전화 소지 자체를 금지하지 않으나 수업시간 등 정당한 사유에 의해 학생의 휴대전화 사용 및 소지를 규제할 수 있습니다.
☞ ●초등학교는 교실에서 핸드폰을 꺼놓고, 꼭 사용해야 하는 경우 담임 선생님의 허락을 받고 사용하는 것을 규칙으로 하고 있습니다.

3. '학생인권옹호관' 제도란 무엇일까요?

☺ 경기도교육청에서는 학생인권 침해에 대한 상담을 위하여 학생인권옹호관 제도를 두고 있습니다.
☞ 학생인권이 침해받았다고 생각되는 경우 아래의 방법을 통해 상담을 받을 수 있습니다.
　　전화상담 : 031-820-0637(매주 월~금 9시~18시)
　　방문상담 : 경기도 의정부시 통일로 700 경기도교육청 북부청사 3층 학생인권센터
　　이메일상담 : cay27@goe.go.kr
　　경기학생 인권의 광장(https://edup.goe.go.kr/shr/shrMain/main.do)

■ 경기도교육청은 학생의 인권에 대한 관심과 참여를 확대하기 위하여 경기도 학생인권의날을 운영하고 있습니다. (매년 10월 5일)
★★ '나의 권리'를 주장하려면 먼저, 친구들과 선생님의 권리를 존중하고 배려해야하며 학생으로서 우리가 마땅히 지켜야하는 규칙을 지켜야 합니다. ★★

전학년 활동지 뒷면 예시

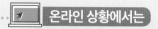 **온라인 상황에서는**

구글 사이트 도구를 활용하여 인권 수업을 구성합니다. 등교 수업 때 계획한 영상 및 활동지를 그대로 사용할 수 있어요.

3. 학년(군)별 행사 운영하기

아래 사진은 담당자가 계획한 대로 각 학급에서 진행된 인권 교육 행사 모습을 사진으로 찍어 놓은 것입니다. 저학년의 경우 영상에 나왔던 내용을 예쁘게 그림으로 옮겨 놓기도 했고, 고학년의 경우 역시 도덕 시간에 배운 내용과 영상 내용을 연관 지어 생각하며 인권이란 무엇인지, 왜 중요한지에 대한 내용을 학습지에 꾹꾹 눌러 담아 정성껏 완성했답니다.

1 · 2학년

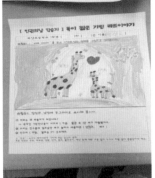

3학년

4학년

5학년

6학년

학생들의 활동지를 사진으로 찍어 온라인 클래스에 업로드하도록 하고, 이렇게 업로드된 학생들의 과제물을 실시간 수업 화면 공유를 통해 발표하도록 할 수 있어요. 다만, 등교 중지 등의 이유로 미리 학습지를 배부하는 것이 어려운 경우, 인권 교육 관련 영상을 구글 사이트 도구를 통해 업로드하고, 구글 설문지 등을 통해 학생들이 무엇을 배웠는지 직접 적도록 할 수 있습니다.

단순 개별 활동이 아닌, 서로의 활동이나 생각을 공유하도록 하고 싶은 경우에는 구글 잼보드를 통해 학생들의 결과를 공유하도록 할 수 있습니다. 스티커 노트 형식으로 '우리 사회에서 인권이 존중받지 못하고 있는 상황'을 찾아 쓰고, '내가 할 수 있는 노력'에는 무엇이 있는지 찾아 쓰도록 하여 다양한 의견을 공유하게 합니다.

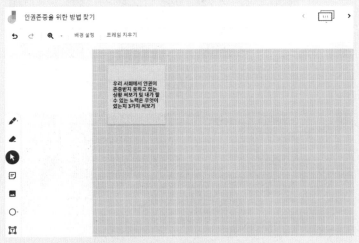

구글 잼보드 - 상호 공유 활동 진행하기의 예

인권 교육은 사실 모든 학교에서 이루어져야 하는 필수 교육이기도 합니다. 따라서 담당자에 따라 담임 교사에게 활동에 도움이 되는 영상 링크 정도만 보내 학급에서 전적으로 담임 교사가 행사를 진행하도록 할 수도 있고, 학교 자체의 공통된 행사로 기획하여 학급에서 담당자가 준비한 자료를 활용하기만 해도 되는 형태 등 다양한 방법으로 운영될 수 있지요. 반대로 담당자의 계획과 상관없이 담임 교사의 역량이 담긴 지도 계획에 따라 다양한 형태의 인권 교육이 이루어질 수 있으리라 생각됩니다. 다만, 인권 교육을 진행할 때 형식적으로 인권이 무엇인지 왜 중요한지에 대해 교육하는 것 또한 중요하지만, 마땅히 서로를 위해 지켜야 할 규칙들을 지켰을 때야 비로소 모두의 인권이 존중되는 학교 생활과 사회가 될 수 있음을 학생들이 기억했으면 합니다. 학교에서는 모두를 위해 마땅히 지켜야 하는 규칙들이 '학교 생활 인권 규정'으로 제시되어 있으며, 사회에서는 '법'이라는 이름으로 제시되어 있음을 알려 주세요.

사과 데이와 함께 사과 실천하기

#사과데이 #사과하는방법 #눈인사사과 #사과편지쓰기

● ● ● ● ●

‘사과 데이’는 사과 향기가 그윽한 10월에 ‘둘(2)이 사과(4)한다’는 의미로, 친구나 애인끼리 서로 사과를 주고받는 날입니다. 그런데 ‘사과’는 평화로운 학급 문화 형성에 있어 매우 중요한 부분이기도 합니다.

학급에서 일어나는 여러 문제 상황 중 많은 부분이 ‘사과’만 제대로 했어도 쉽게 해결되었을 문제들이기 때문이지요. 그래서 사과하는 방법을 학생들에게 제대로 알려 주는 것은 매우 중요합니다.

저는 학급에서 '눈인사' 사과 방법을 실천하고 있는데요. 눈인사 사과 방법은 1단계 눈을 바라보기, 2단계 (잘못을) 인정하기, 3단계 사과하기의 3단계로 이루어져 있습니다. 눈을 바라보지 않고 "미안해."라고 말만 하는 것은 제대로 사과하는 것이 아니지요. 사과하는 방법을 구체적으로 알려 주고, 역할극을 통해 연습의 기회를 주는 것이 중요합니다.

그리고 사과 데이가 있는 10월이면 교사가 알려준 사과 방법 이외에 내가 생각하는 사과 방법에 관해서도 떠올려 봅니다. 스스로 사과하는 방법을 정리해 봄으로써 생활 속에서 실천하는 데 도움이 됩니다.

또한 사과 데이를 맞이하여 친구나 부모님에게 사과하고 싶은 것이 있다면 진심을 담아 편지를 쓰고 전합니다. 사과의 힘은 매우 강력해서 친구와의 관계나 가족과의 관계를 회복하도록 도울 수 있습니다. 그래서 이 점에 착안하여 사과 데이와 함께 사과를 실천하기 활동을 계획해 보았습니다.

사과 데이와 함께 사과를 실천해요

사과 데이를 맞이하여 그동안의 나의 생활을 되돌아봅니다. 가족이나 친구에게 미안하다고 말하고 싶었는데 말하지 못했던 경험은 없는지, 지금이라도 사과하고 싶은 일이 있는지 떠올려 봅니다.

그리고 사과를 제대로 할 수 있는 구체적인 실천 방법에 대해서도 고민해 봅니다. 나만의 사과하는 방법을 정의 내릴 수 있다면 생활 속에서 사과를 실천하는 데 더욱 도움이 될 것입니다.

사과 데이와 함께 사과를 실천하기 위한 활동을 합니다.

① 사과의 힘과 관련한 영상을 봅니다.

② 영상을 보고 나서 새롭게 알게 된 점이나 느낀 점을 이야기 나눕니다.

③ 내가 생각하는 제대로 사과하는 방법을 정리해 봅니다.

④ 그동안 나의 생활을 되돌아보며 가족이나 친구에게 미안하다고 말하고
  싶었는데 말하지 못했던 경험은 없는지, 이제라도 사과하고 싶은 일이
  있는지 떠올려 봅니다.

⑤ 떠오른 일에 관해 마음을 담아 사과 편지를 작성하여 전달합니다.

활동 시나리오

1. '사과의 힘'에 관한 영상 보기

사과의 힘과 관련된 영상 중 EBS 다큐프라임의 '진정성 시대 1부, 진정한
사과_#003 영상'을 추천합니다. 15분 정도의 영상인데, 진정한 사과란 무엇인
지, 사과가 왜 중요한지에 대해 알려 주거든요.

2. 영상을 보고 나서 새롭게 알게 된 점이나 느낀 점 나누기

영상을 보고 나서 '새롭게 알게 된 점', '느낀 점'에 대해 이야기 나눕니다. 다른 친구의 생각을 들으며 내 생각을 확장할 수 있습니다. 순발력이 부족한 학생은 바로 발표하는 데 부담을 느낄 수 있으므로 생각을 나누기 전에 배움 공책 등에 기록할 수 있도록 시간을 주는 것이 중요합니다.

온라인 상황에서는

줌을 활용하여 생각 나누기를 하는 경우에는 '갤러리 보기'로 설정해 놓는 것이 편리합니다. 학생들이 발표할 순서를 정하고 자기 이름 앞에 발표할 순서를 번호로 기입하도록 합니다. 그럼 등교 수업 때 써클로 앉아서 돌아가면서 발표한 것처럼 갤러리 보기 상태에서 번호대로 발표하기에 편리합니다.

3. 내가 생각하는 '제대로 사과하는 방법' 정리하기

친구들과 생각 나누기 활동을 통해 '사과'에 관해 생각을 확장했다면, 이제는 스스로 '제대로 사과하는 구체적인 방법'에 대해 고민하도록 합니다. 내가 사과받았던 경험, 내가 사과했었던 경험 등을 떠올리면서 어떻게 사과받았을 때 마음이 풀렸는지, 내가 어떻게 사과했을 때 상대방의 마음에 변화가 있었는지 등을 떠올려 봅니다. 그리고 이를 바탕으로 '제대로 사과하는 방법'을 배움 공책에 기록합니다.

이 활동이 중요한 이유는 '사과하기'를 '내면화'하는 데에 도움이 되는 활동이기 때문입니다. 나의 경험을 떠올려 보고, 사과 방법을 정리해 보면 나의 삶 속에서 실천하기가 더 쉬워집니다.

제대로 사과하는 방법 - 문○○   제대로 사과하는 방법 - 김○○

4. 나를 되돌아보며 사과하고 싶은 일 떠올리기

'사과 데이'가 사과하는 마음을 표현하는 날인만큼 사과하고 싶은 친구나 가족을 떠올려 봅니다. 가족인 부모님이나 형제·자매에게 미안했던 일이 있는지, 사과하고 싶었지만 타이밍을 놓쳐서 사과를 못 하고 있는 일이 있는지, 친구에게 미안했던 일이 있는데 지금이라도 사과하고 싶은 일이 있는지 등을 곰곰이 떠올립니다.

5. 마음을 담아 사과 편지를 작성하여 전달하기

떠오른 일에 관해 진심을 담아 사과 편지를 작성합니다. A4용지를 반으로 자른 후, 왼쪽에는 내 마음을 담은 그림을 그리고 오른쪽에는 사과 편지를 쓰도록 합니다. 사과 편지를 완성하면 봉투에 담아 직접 전달합니다.

6. 편지를 전달한 후 어떤 변화가 있었는지 이야기 나누기

편지를 전달한 후 어떠한 변화가 있었는지 이야기를 나누도록 합니다. 상대방의 반응은 어땠는지, 관계 변화가 있었는지 등을요.

실제 활동 후기 | 팁

평화로운 학급 문화를 함께 만들어 나가는 데 있어 사과하기는 매우 중요한 활동이었습니다. 사과하기를 충분히 배우고 생활 속에서 실천하다 보니 학생들 사이의 다툼은 크게 줄어들 수 있었지요.

스스로 제대로 사과하는 방법을 고민하게 하니 자신의 언어로 사과하는 방법을 만들 수 있었고, 실천으로 이어질 수 있었습니다. 갈등을 해결하고 서로 소통하기 위한 사과하기 활동을 사과 데이와 함께 하니 더욱 교육적인 효과가 있었으며, 가정과도 연계지어 할 수 있어 더욱 의미 있었고요. 평화로운 학급 문화를 함께 만들어 나가는 데 있어 '사과하기'는 매우 중요한 활동이었습니다.

11~2월 | 수업

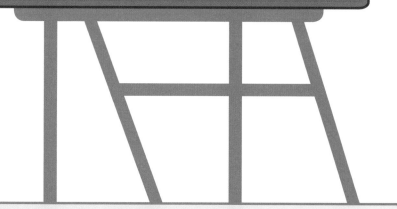

전쟁 이야기를 통한 역사 교육

#전쟁이야기 #역사교육 #의외로재밌네
● ● ● ● ● ●

아이들은 어렸을 때부터 전쟁 이야기를 재미있어합니다. 전쟁을 통해 나라가 커지거나 작아지고, 새로 생기거나 없어지기도 하는데요. 그렇게 역사가 바뀌는 과정을 보며 흥미를 느끼죠. 저도 어렸을 적에 세계 지도를 바라보면서 한니발이 건넜던 알프스 산맥이라든지, 몽골제국의 유럽 침공 경로를 머릿속으로 그려 보곤 했습니다. 우리가 살고 있는 땅을 하늘에서 조망할 수 있는 지도를 바라보면 여러 질문이 꼬리에 꼬리를 물게 돼요.

'알래스카는 미국인데 왜 따로 떨어져 있지?'
'지도의 왼쪽 끝과 오른쪽 끝은 정말 연결되어 있을까?'

    아이들 역시 세계 지도를 바라보며 전쟁 이야기를 듣다 보면 어느새 역사에 재미를 느끼고 호기심을 갖게 되지요. 사실 초등학교 5, 6학년이 되면 아이들은 "역사는 너무 따분해, 지루해, 맨날 외워야 해."라고 말하곤 합니다. 이런 말이 나오지 않게끔 하려면, 우리 아이들이 역사에 대한 호기심을 가지게 하는 게 우선이라고 생각해요. 세계 여러 나라의 전쟁 중 역사적으로 기록될 만한 대표적인 전쟁 이야기를 통해 역사에 대한 흥미를 유발하는 건 어떨까요?

    자, 역사를 재미있게 해 주는 두 가지가 있습니다. 바로 지도와 그림이죠. 지도는 시야를 넓혀 주고, 그림은 생동감을 줍니다. 역사 교육은 넓은 시야 위에 그려진 그림과도 같아요. 여기에 '전쟁'이라는 재미 요소까지 추가하여 가르친다면 금상첨화겠죠?

    역사적으로 중요한 세계적 전쟁에 관한 내용은 이야기를 이끌어 주실 선생님이 잘 알고 있어야 합니다. 전쟁 이야기에 관심이 없거나 싫어하는 선생님이라도 아이들이 얼마나 집중하여 듣는지를 눈으로 확인하시면 생각이 달라질 거예요.

알렉산드로스 제국 이야기

선생님들 세대에서는 흔히 '알렉산더'로 알려진 알렉산드로스 제국 이야기를 아이들과 한번 나눠 보겠습니다. 알렉산드로스 3세의 첫 시작점인 그리스 땅부터 시작해 지금의 터키 지역까지의 지도를 보며 그 당시의 전쟁사를 설명하려 해요. 제가 소개해 드리는 다양한 자료들을 활용하여 함께 전쟁 이야기에 빠져 봅시다.

Charles le Brun, Alexander and Porus, painted 1673

활동 설명

세계 지도 인터넷 사이트에서 전쟁 이야기를 할 지역의 지도를 보여 주어 아이들이 해당 지역에 대해 지리적으로 친숙해지도록 합니다. 수업용 PPT 자료를 가지고 전쟁에 대한 설명을 시작합니다. PPT 자료 안에 '발표자 노트'에 설명할 내용도 적어 놓았으니 쉽게 따라 하실 수 있어요. 자 시작하시죠!

1. 준비하기

먼저, '세계 지도 인터넷 사이트'와 '이미지 검색 화면'을 준비합니다.

세계 지도 인터넷 사이트	이미지 검색 화면
구글 지도(한글 버전) https://www.google.co.kr/maps 구글 어스 https://earth.google.com/	구글 이미지 검색(한글 버전) https://www.google.co.kr/imghp?hl=ko 네이버 이미지 검색 https://www.naver.com/

구글 지도를 시작하면 평면 지도가 나옵니다. 우측 하단의 지구본 뷰 사용 설정 버튼을 클릭하면 입체 지도로도 볼 수 있어요. 평면 지도와 입체 지도를 병행해서 보여 주면 지도의 이해에 도움이 됩니다.

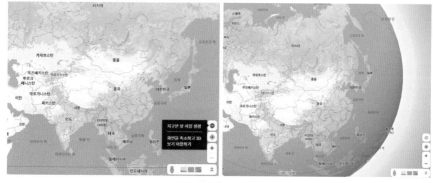

2D 지도와 3D 지도

🖥 온라인 상황에서는

선생님의 화면을 공유하여 세계 지도 인터넷 사이트를 그대로 움직이며 보여 줍니다. 이후 아이들에게도 자신의 컴퓨터로 지도를 자유자재로 가지고 놀 시간을 줍니다. 온라인 상황에서는 개별적으로 지도를 확대·축소·이동할 수 있기에 지도와 금세 친숙해질 수 있거든요. 따라서 전쟁 이야기를 할 때 집중할 수 있도록 그 지역에 대해 개별적으로 관찰할 수 있는 시간을 주면 좋습니다.

해당 지역 지도

2. 전쟁 인물에 대한 질문하기

알렉산드로스 3세에 대해 이야기하기 위해 질문으로 시작합니다.

질문 내용   알렉산드로스 대왕

3. 전쟁 이야기

알렉산드로스 제국을 이루는 데 있었던 큰 전투 4가지를 설명하며 전쟁 이
야기를 합니다.

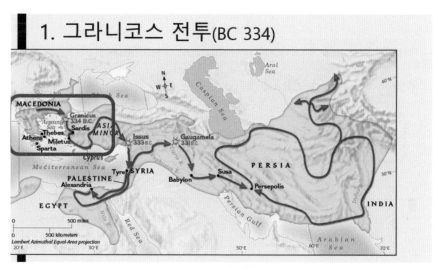

1. 그라니코스 전투

2. 이수스 전투(BC 333)

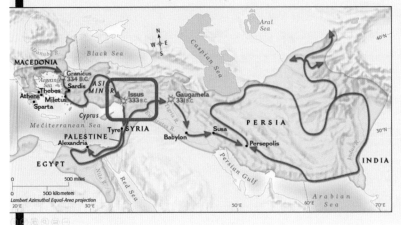

2. 이수스 전투

3. 가우가멜라 전투(BC 331)

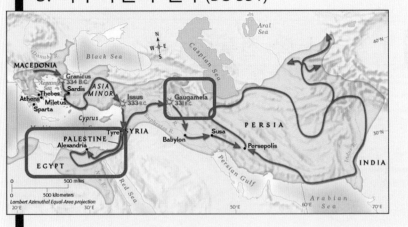

3. 가우가멜라 전투

4. 히다스페스 전투(BC 336)

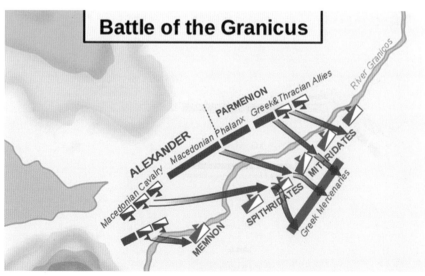

4. 히다스페스 전투

4. 전투 대형과 전쟁 그림 사용하기

수업용 자료에는 각 전투 별로 전투 대형 그림과 설명이 있습니다.

Battle of the Granicus

1. 그라니코스 전투

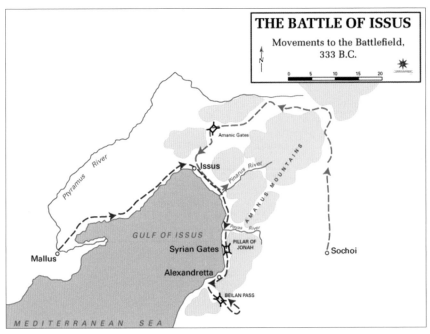

2. 이수스 전투

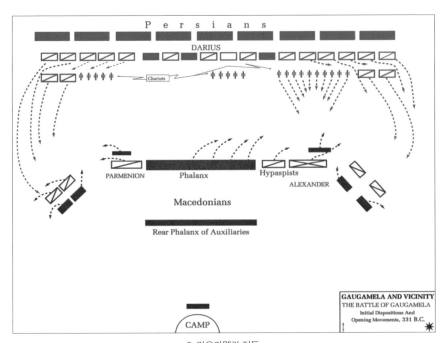

3. 가우가멜라 전투

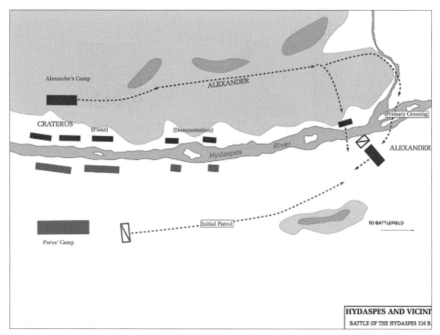

4. 히다스페스 전투

아무리 전쟁 이야기와 전투 장면에 대한 그림 자료와 설명이 있다 해도, 선생님들이 이 이야기를 재미있게 전달하지 않으면 학생들은 재미를 느끼지 못하겠죠? 설명이 어렵거나 이해가 되지 않는다면 제가 촬영한 참고 영상 자료를 활용하여 보세요.

https://youtu.be/MQr8woGQKPs

https://youtu.be/dlztCKPOa1c

신기하게도, 역사를 싫어하는 아이들도 전쟁사는 좋아합니다. 왜 그럴까요? '지금껏 역사를 가르칠 때 호기심의 영역은 너무 무시하지 않았나?' 하고 생각하게 되는데요. 초등학교에 나오는 한국사는 큰 흐름과 스토리를 이해하는 것이 중요한데, 선생님들이 너무 디테일한 내용과 암기에만 치우쳤던 건 아닐까요?

전쟁 이야기 1편 알렉산드로스를 아이들과 진행해 보니, 바로 다음 편을 해 달라고 아우성입니다. 역사와 재미를 동시에 잡기 위해 전쟁 이야기 수업 한 번 하시는 게 어떠실까요? 다만, 전쟁 이야기처럼 역사 수업을 할 수 없으니, 아이들에게 역사가 재미있다는 것을 일깨워 주는 특별한 수업으로 한번 활용할 만한 것 같습니다.

숨은 낱말 찾기로 정리해요

#지식많은교과 #복습에재미를더함 #단원정리
● ● ● ● ● ●

    사회나 과학, 고학년 수학 같은 교과들에는 알아야 할 지식이 많이 담겨 있습니다. 분량이 많다 보니 단원 초에 배운 내용을 단원이 끝날 즈음에 잊어버리는 학생들이 있는데요. 다음 학년으로 갈 때는 넣은 지식이 어딘가로 사라지기도 합니다. 선생님께서 학생들에게 "여러분 ○학년 때 배운 내용이죠?"라고 물어보면 "저희가 배운 적이 있어요?"라며 되묻기도 하지요.

    이런 상황을 방지하기 위해 선생님들께서는 학생들이 배움 공책 정리도 하고, 단원 평가 문제를 풀면서 배운 내용을 정리하도록 합니다. 그 외에도 중요한 내용을 마인드맵으로 정리하기, 수학 문제를 만들어 친구들과 바꿔 풀기, 추가 학습지 풀기 등 다양한 정리 활동을 준비하실 거예요. 저는 단원 정리 활동 중에서 과학·사회·고학년 수학 수업 등 새로운 용어가 여럿 나오는 단원을 정리할 때 용이하고, 약간의 재미 요소도 더해진 '숨은 낱말 찾기'를 손쉽게 만드는 과정을 소개하겠습니다.

숨은 낱말 찾기로 정리해 보아요

비슷하게 낱말을 찾아내는 정리 활동인 십자말 풀이와 숨은 낱말 찾기 중에서 어떤 활동이 더 나을까 고민했는데요. 서로 겹치지 않는 낱말들을 배운 경우에도 만들 수 있는 것이 숨은 낱말 찾기일 것 같아 숨은 낱말 찾기로 단원 정리를 하기로 했습니다.

· · · · · · · · · · · · · · · (활동 설명) · · · · · · · · · · · · · ·

숨은 낱말 찾기는 학생들이 개념의 뜻을 정리하면서도 혼자서 또는 친구들과 함께 낱말을 찾는 과정에서 즐거움을 느낄 수 있는 활동입니다. 5학년 1학기 1단원 사회 시간에 준비한 내용을 바탕으로 활동지를 만드는 과정부터 소개하려고 합니다.

1. 숨은 낱말 찾기 활동지 만들기

① 숨은 낱말로 정할 낱말을 떠올립니다.

숨은 낱말에는 그 단원에서 배운 중요한 개념이 주로 들어가야 합니다. 선생님께서 수업 시간에 중심으로 가르친 내용 중에서 '낱말' 형태로 되어 있는 것들을 여러 가지 떠올려 주세요. 이 낱말들은 '뜻'을 적을 수 있거나 '관련된 내용을 정리'할 수 있는 주제면 됩니다.

> 스키장, 다목적댐, 논농사, 서해안, 동해안, 남해안, 간척, 사계절,
> 중위도, 기온, 기후, 등온선, 저수지, 온돌, 우데기, 자연재해

저는 우리나라의 지형 환경과 기후 환경에 대해 배우는 단원에서 숨길 낱말을 위와 같이 정했습니다. '스키장', '저수지' 등의 낱말은 그 단원에서 매우 중요한 낱말은 아니지만, 배운 내용과 관련지어서 설명하도록 이 낱말들을 넣었습니다. 예를 들어 '스키장', '다목적댐', '논농사'는 어느 지형에서 주로 보이는 시설인지, '저수지', '온돌', '우데기'는 어느 계절에 맞춰서 어떤 이유로 만들어졌는지를 설명하도록 선정했어요. 이렇게 그 단원을 대표하는 '지형', '기후'와 같은 낱말 외에도 학생들이 설명하며 배운 내용을 정리할 수 있는 낱말도 괜찮습니다.

② 숨은 낱말들의 초성 힌트를 활동지 표처럼 칸을 나누어 적습니다.

처음에는 숨은 낱말 찾기 표만 주었더니, 학생들이 관련 없는 낱말을 찾고 정리하는 등의 혼란이 생기더군요. 그래서 단원과 관련된 낱말을 떠올리는 데

도움이 되도록 초성 힌트를 활동지에 적었습니다.

ㅅㅋㅈ	ㄷㅁㅈㄷ	ㄴㄴㅅ	ㅅㅎㅇ	ㄷㅎㅇ	ㄴㅎㅇ
ㄱㅊ	ㅅㄱㅈ	ㅈㅇㄷ	ㄱㅇ	ㄱㅎ	ㄷㅇㅅ
ㅈㅅㅈ	ㅇㄷ	ㅇㄷㄱ	ㅈㅇㅈㅎ		

③ 숨길 낱말부터 10×10 크기의 표에 넣습니다.

예시는 간단하게 5×5 크기의 표로 보여 드리겠습니다. 위, 아래, 오른쪽, 왼쪽, 대각선 네 방향 모두 상관없지만, 중간에 꺾여서 낱말이 들어가면 안 됩니다. 낱말을 넣을 때 서로 같은 글자가 있는 낱말들이 있다면 아래 예시처럼 겹쳐서 넣으셔도 됩니다.

	기	온		
사	후		서	안
농			해	
논		동	안	

④ 숨길 낱말 주변에 글자들을 넣어 숨은 낱말 찾기를 완성합니다.

이때, 저는 끝말 잇기처럼 정답에 있는 글자에서 연상되는 낱말들을 넣거나 관련 없는 문장들을 넣습니다. 예를 들면, '스키장'의 '스'로 시작하는 '스리랑카', 학생들이 흥얼거리면서 듣고 있었던 '어깨동무', '내가 좋아하는 차는 루

이보스차' 등과 같이 말이 되면서도 단원과 관련 없는 글자들을 넣습니다. 대신 주의할 점은 정답과 겹치는 낱말이 만들어지면 안 된다는 점입니다. 빈 곳에 글자를 다 넣고 나서 확인하시기보다 그 낱말 주변에 넣을 때 확인하면서 넣으시면 실수 없이 숨은 낱말 찾기를 완성할 수 있습니다.

아	기	온	라	인
사	후	구	서	안
농	라	면	해	게
논	이	동	안	렇
침	팬	지	렁	이

⑤ 숨은 낱말 찾기 반대편에는 찾은 낱말의 이름과 그 뜻을 설명하는 칸을 만들어 넣습니다.

낱말만 찾는 재미를 느끼기 위하여 숨은 낱말 찾기를 하는 것이 아니라, 단원을 정리하기 위한 것이므로 낱말을 찾고 그 뜻이나 관련된 내용을 정리하도록 합니다. 선생님께서는 이 칸을 만드시면서 한 쪽을 더 추가하여 미리 정답지를 만들어 놓으시면 됩니다.

낱말	낱말의 뜻이나, 관련된 우리나라 지형 / 기후 환경의 특징

저는 공책에 붙이게 하려고 양면 인쇄가 아닌 두 쪽 모아찍기로 인쇄했으나, 파일을 사용하시는 경우에는 양면으로 인쇄하셔도 괜찮을 것 같습니다.

✚ 숨은 낱말 찾기로 단원 정리하기 ✚			이름	
과목	사회	단원	5학년 2학기 단원 2 우리 국토의 자연환경	

↓ 숨은 낱말들의 초성 힌트 ↓

ㅅㅋㅈ	ㄷㅁㄷ	ㄴㄴㅅ	ㅅㅎㅇ	ㄷㅎㅇ	ㄴㅎㅇ
ㄱㅊ	ㅅㄱㅈ	ㅈㅇㄷ	ㄱㅇ	ㄱㅎ	ㄷㅎㄹ
ㅈㅅㅈ	ㅇㄷ	ㅇㄷㄱ	ㅈㅇㅈㅎ	■	

스	리	랑	카	무	차	는	루	이	보
왜	키	어	깨	동	해	안	후	다	스
내	이	장	자	라	면	치	킨	목	차
가	걸	왜	연	서	절	시	논	적	다
저	하	나	재	해	온	계	농	댐	람
수	면	남	해	안	린	등	사	후	쥐
지	사	회	우	데	기	온	지	롱	렁
간	공	하	기	위	후	선	서	온	이
척	부	습	놀	데	겁	줄	서	돌	학
한	걸	복	기	해	중	위	도	에	교

낱말	낱말의 뜻이나, 관련된 우리나라 지형/기후 환경의 특징

2. 숨은 낱말 찾기로 단원 정리하기

숨은 낱말 찾기 활동지와 교과서를 살펴보면서 단원 정리를 합니다. 혼자서 낱말 찾는 것을 어려워한다면 옆에 있는 친구들과 이야기할 수 있게 하셔도 됩니다. 대신 어떤 낱말들이 있는지 공유하거나 대강의 위치를 말해 줄 수는 있지만, 정확히 어디 있는지 말하지 않도록 주의 사항을 미리 알려 줍니다. 낱말을 다 찾은 학생들은 낱말의 뜻이나 관련된 내용을 오른쪽 표에 정리합니다. 이때 교과서를 보고 자세하게 따라서 적는 것이 아니라 자신이 알고 있는 만큼만 정리하는 방법도 있어요. 이 방법을 통해 학생들이 배운 내용을 얼마나 잘 알고 있는지 평가하실 수도 있답니다.

활동지는 등교일에 미리 나눠주거나 PDF 파일을 온라인 학급 사이트에 공유하여 인쇄하여 준비하도록 합니다. 그리고 활동을 하는 도중에는 줌에서 마이크를 켜고 친구들과 어떤 낱말이 숨어 있는지 의견을 교환할 수 있도록 하여, 숨은 낱말을 찾는 것이 배운 내용을 정리하는 것보다 오래 걸리지 않도록 합니다.

3. 선생님, 친구들과 정답 맞히기

선생님과 함께 숨은 낱말 찾기의 정답을 맞혀 봅니다. 실물화상기를 이용하면 숨은 낱말을 찾은 것을 잘 보여줄 수 있어요. 숨은 낱말을 찾고 배운 내용을 정리한 것은 학생들이 돌아가면서 또는 다 같이 이야기할 수 있게 합니다.

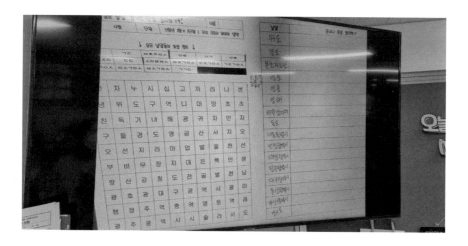

실물화상기로 카메라를 전환하거나 화면 공유를 하여 학생들과 함께 숨은 낱말의 위치를 찾습니다. 그리고 낱말의 뜻을 정리하여 발표하도록 합니다. 전체를 대상으로 마이크를 켜고 말하도록 하거나, 선착순으로 '손들기'를 누른 학생이 자신이 찾은 낱말과 정리한 내용을 발표하도록 합니다. 번호순, 뽑기 등 선생님께서 자주 사용하시는 다른 방법을 이용하셔도 상관없습니다.

4. 교과서나 공책, 파일에 보관하기

교과서 단원 마지막 부분이나 공책에 풀 또는 테이프를 이용하여 붙이거나 파일에 넣어 보관합니다. 이는 학기 말에 골든벨 등의 학기 마무리 활동을 할 때 복습하는 용도로 활용하기 위함이에요. 이렇게 공책이나 교과서에 붙이는 등으로 보관하는 시간을 갖지 않으면 바닥에 돌아다니거나 책상 서랍에 구겨진 채로 학기 말에 정리할 때 발견되곤 하거든요. 따라서 마지막 4번째 단계를 꼭 넣어 주셔서 선생님 눈앞에서 잘 보관했는지 확인하시는 것을 추천 드립니다!

교과서, 공책, 파일 등에 보관하는 시간을 준 뒤에 사진을 찍어서 과제로 올리거나 줌에서 보관한 교과서, 공책 또는 파일을 들어서 잘 보관했는지 보여 달라고 합니다.

학생들이 단원이 끝난 뒤, 교과서를 이용하면서 한 번 더 배운 내용을 정리하며 기억할 수 있는 활동이라서 좋았습니다. 실제로 교과서에도 숨은 낱말 찾기로 정리하는 부분이 나와 있는 교과가 있어요. 그러나 대부분 대단원 중심이라 선생님들께서 소단원 별로 학생들이 배운 내용을 정리하고 싶으실 때 직접 쉽게 만드실 수 있습니다.

숨은 낱말 찾기를 하면서 자신이 빠르게 잘 찾는 편이라며 뽐내는 학생들도 있었고, 혼자서 빨리 찾지 못해도 친구들이 말하는 것에서 힌트를 얻어 '아~ 여기 있었구나!' 하고 깨닫는 학생들도 있었습니다. 스스로 하는 것도 중요하지만, 서로 아는 것을 공유하며 활동하는 모습이 보기 좋았어요. 그리고 중간중간 공부한 내용과 관련 없는 낱말들이 학생들에게는 재미있는 요소가 되어 즐겁게 활동했습니다. 학급마다 분위기가 다르겠지만, 저희 반의 경우는 학생들이 조용히 혼자 찾았을 때 보다 대화를 나누면서 정리하는 편이 더욱 효과적이더라고요.

낱말의 뜻을 정리하는 활동을 할 때 시간이 오래 걸리는 경우, 낱말 칸은 비워 두고 낱말의 뜻은 교과서에 있는 내용으로 채우거나 수업 시간에 설명했던 내용을 적어 두어 낱말만 찾아 적도록 하는 것도 좋은 방법이었습니다. 학급 분위기에 따라 적절한 방법으로 난이도를 수정해서 활용하시면 좋을 것 같아요.

나중에 지난 단원에서 배운 내용에 관해 물어봤을 때, 기억이 안 나더라도 공책에 보관했던 활동지를 찾아보며 답을 말하기도 해서 공책을 보관용이 아닌 활용 도구로 쓸 수도 있었습니다.

속담을 활용한 국어 수업

#속담 #관용표현 #색다른국어수업
● ● ● ● ● ●

아이들이 생각보다 속담을 잘 모릅니다. '호랑이도 제 말 하면 온다'는 말을 하면, 대충의 뜻을 짐작할 뿐 정확한 사용법도 모르고 적절한 상황에 사용하지도 못하지요. 국어 시간에 관용 표현을 배우긴 하지만, 역시 적절한 상황에 활용하기란 쉽지 않습니다. 아이들이 그런 표현에 관심도 없고요.

그런 아이들의 특성을 고려하여 속담을 이용한 국어 수업 방법을 소개하려고 하는데요. 선생님들께서 사용하시는 수업 방식은 대부분 아래와 같을 것입니다.

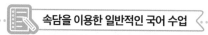

속담 제시 → 속담 뜻풀이 → 사용법 소개 → 예를 들어 써 보기

속담을 제시하고 뜻풀이를 해 주면 아이들이 모두 알고 잘 쓸 수 있는 것은 아닐 텐데요. 참으로 어렵지요? 속담을 배우는 학년이 아니라면 더더욱 어려우실 것 같습니다. 저와 함께 속담을 활용한 새로운 국어 수업 방법을 시작해 보시겠어요?

속담을 활용한 국어 수업

제가 제안 드리는 속담을 활용한 국어 수업은 속담에 들어간 키워드별로 분류하여 떠올려 보는 방법입니다. 예를 들어, 키워드를 '호랑이'라고 해 보겠습니다. 호랑이가 들어간 속담들은 다음과 같습니다.

호랑이가 들어간 속담들

호랑이는 죽어서 가죽을 남기고 사람은 죽어서 이름을 남긴다.
호랑이 제 말 하면 온다.
호랑이 없는 골에 토끼가 왕 노릇 한다.
호랑이에게 물려 가도 정신만 차리면 산다.

아이들은 호랑이가 들어간 속담들을 유목화시켜 기억할 수 있는데요. 제시된 속담 중 아이들이 궁금해하는 것을 설명해 주는 방식으로 진행합니다.

활동 설명

키워드를 정한 후 정해진 키워드가 들어간 속담을 생각나는 대로 말하도록 합니다. 선생님은 아이들이 발표하는 속담들을 써 가면서 의미까지 알고 있는지도 물어봅니다. 아이들이 생각나지 않아 한다면 선생님이 준비한 속담들을 몇 가지 더 써 넣고 의미를 유추해 보게 합니다. 키워드가 어떤 의미를 내포하고 있는지도 함께 생각해 본다면, 속담을 통한 국어 수업이 더욱 풍성해지겠죠?

수업 시나리오

1. 키워드 정하기

키워드를 정하는 방법에는 선생님이 직접 정하거나 학생들의 의견을 통해 정하는 경우, 이렇게 2가지가 있는데요. 선생님이 정하는 경우, 키워드에 맞추어 어떤 속담과 관용 표현이 있는지 미리 준비할 수 있다는 장점이 있습니다. 그러나 아이들이 키워드를 정하면 더욱 호기심을 가지고 집중하겠죠?

아이들과 키워드를 정하는 장면

2. 키워드가 들어간 속담 생각해 내기

키워드가 정해졌다면 키워드가 들어간 속담을 아이들이 스스로 생각해 낼 시간을 줍니다. 예를 들어, '물'이라는 키워드를 골랐다면 '물'이 들어간 속담을 아이들에게 생각나는 대로 말하도록 합니다. 이때, 발표 내용이 정확하지 않아도 선생님이 정리해 가면서 판서합니다.

<'물'이 들어간 관용 표현 발표 예시>

관용 표현	뜻
돈을 물 쓰듯 한다.	돈을 많이 쓴다.
물이 너무 맑으면 고기가 없다.	모름
이미 엎지른 물이다.	이미 끝난 일이다.
내가 물 같이 보여?	쉽게 보냐?
→ (변경 예시) 사람을 물로 본다.	→ (변경 예시) 쉬운 상대로 여긴다.

선생님은 수업용 PPT에 아이들의 발표를 들으며 관용 표현을 적습니다. 실시간 화상 수업의 화이트보드 기능을 활용하여 적을 수도 있습니다.

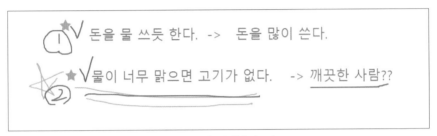

화이트보드 기능을 활용한 모습

3. 선생님이 준비한 속담 포함하여 적기

아이들이 발표한 관용 표현에 선생님이 추가한 후 뜻을 설명해 줍니다.

<'물'이 들어간 관용 표현 정리 예시>

관용 표현	뜻
돈을 물 쓰듯 한다. 물이 너무 맑으면 고기가 없다. 이미 엎지른 물이다. 사람을 물로 본다. 물 만난 고기 같다. 열 길 물속은 알아도 한 길 사람 속은 모른다.	돈을 많이 쓴다. 지나치게 엄격하면 친구가 적다. 이미 저질러진 일이며 되돌릴 수 없다. 쉬운 상대로 여긴다. 좋아하는 일을 만나 아주 잘 해낸다. 아주 깊은 물속은 알아낼 수 있더라도 사람의 속마음을 알기란 어렵다.

4. 실제로 사용해 보기

구슬이 서 말이라도 꿰어야 보배겠지요? 관용 표현의 뜻과 사용법을 배운 아이들은 학급에서 친구들과 사용해 보는 경험을 갖도록 격려해 줍니다. 모둠별로 한 개의 관용 표현을 정해서 경험을 이야기해 보도록 합니다.

> **온라인 상황에서는**
>
> 실시간 쌍방향 화상 수업 상황에서는 소회의실 기능을 활용하여 모둠별로 관용 표현 한 개를 정하여 관련된 경험을 이야기하도록 합니다. 소회의실 이름 자체를 1모둠, 2모둠이 아닌, 관용 표현의 이름으로 적어도 좋습니다.

소회의실 - 처리 중	✕
▸ **1. 돈을 물 쓰듯 한다.**	참가
▸ **2. 물이 너무 맑으면 고기가 없다.**	참가
▸ **3. 이미 엎지른 물이다.**	참가
▸ **4. 사람을 물로 본다.**	참가
▸ **5. 물 만난 고기 같다.**	참가
▸ **6. 열 길 물속은 알아도 한 길 사람 속은 모른다.**	참가

메시지를 전체에게 브로드캐스트   모든 회의실 닫기

화이트보드 기능을 활용한 모습

　관용 표현은 실생활에서 자주 접합니다. 자주 쓰는 말이지만 정확하게 무슨 뜻인지 모를 때가 꽤 많습니다. 아이들과 수업하고 나니 "꽤 자주 들었던 말인데 정확한 뜻을 알게 되어서 친구들하고도 사용할 수 있게 되었다"는 이야기를 많이 하더군요. 키워드로 속담을 묶어 보니 많이 들어 보지 못했던 표현들이더라도 키워드의 함축적 의미를 알고 접근하니 쉽게 이해된다고 했습니다.

　같은 의미를 가진 고사성어와 속담들이 많습니다. 예를 들어, '하석상대(下石上臺)'와 '언 발에 오줌 누기'가 있는데요. '하석상대'는 '아랫돌 빼서 윗돌 괴기'라는 우리말 표현이 있습니다. '언 발에 오줌 누기'는 '동족방뇨(凍足放尿)'라는 한자어 표현이 있지요. 다양한 표현들을 알고 계시면 아이들의 여러 질문에 잘 응할 수 있으리라 생각됩니다.

자신감 뿜뿜! 스피드 그림 그리기

#미술활동 #스마트기기 #패들렛활용 #그림초보도가능
● ● ● ● ● ●

　요즘 대부분의 초등학생은 스마트기기를 잘 다루고, 사용하는 즐거움도 너무나 잘 압니다. 수업 시간에 핸드폰을 사용한다고 하면 벌써 신나고 재밌어 하지요. 어릴 때부터 스마트기기를 이용하는 것에 대한 우려도 있지만, 교과서에도 나올 만큼 스마트기기는 학생들의 생활에서 떼려야 뗄 수 없는 것이 되어버렸습니다.

　미술 교과서에는 스마트기기를 활용하여 사진을 찍는 단원이 있는데, 컴퓨터에 있는 그림판을 이용해서 그리는 내용도 나와 있습니다. 교과서 내용처럼 컴퓨터실에 가서 그림판을 이용하는 방법도 있지만, 아이들에게 익숙하면서 휴대할 수 있는 패드나 핸드폰을 이용하면 이동 없이 교실 내에서 활동할 수 있지요. 물론, 교실에서 인터넷을 사용할 수 있는 환경이 잘 구성되어 있어야 하겠지만요.

제가 소개하려는 '스피드 그림 그리기'는 스마트기기가 있고, 인터넷만 되면 할 수 있는 활동입니다. 제한 시간 안에 빠르게 그리는 것이 게임 같이 느껴져서 그림 그리기에 흥미가 없어도 그림을 잘 그리지 못해도 즐겁게 참여할 수 있어요.

속도가 생명! 스피드 그림을 그려요

저는 미술 수업 초반에 아이들이 돌아가면서 한 명씩 앞으로 나와 모델이 되어, 짧은 시간 안에 다른 사람들이 그림을 그리는 크로키(croquis) 수업을 자주 했었는데요. 짧은 시간 안에 형태를 찾고 그림을 그리는 활동에서, 그림에 자신이 없는 아이들은 시간을 많이 주었을 때보다 정확하게 그리지 않아도 되는 분위기에 오히려 안도감을 느낀다고 생각했기 때문이었죠.

그러던 중 다양한 연수를 통해 비주얼 싱킹에 대해 알게 됐고, '아이들이 개념을 간단한 그림으로 표현하는 것을 크로키처럼 짧은 시간 안에 연습하면 어떨까?' 하는 생각에 스피드 그림 그리기를 해 보게 됐습니다.

제한 시간 안에 그림을 그리고, 결과를 바로 공유하기 위해 '패들렛'이나 '띵커보드' 같은 사이트 활용이 필요합니다. 저는 패들렛을 주로 사용하기 때문에 패들렛을 예시로 설명하겠습니다. 스피드 그림 그리기는 오프라인과 온라인 수업이 장소만 다를 뿐 비슷하게 진행되는 활동입니다.

1. 패들렛 만들기

수업을 시작하기 전에 패들렛을 만듭니다. 서식은 다양하게 할 수 있는데, 한눈에 여러 작품을 보기 위해서는 '담벼락'이나 '그리드' 서식을 선택합니다. 시간 순서상 누가 더 빨리 그림을 그렸는가를 재미 요소로 추가하고 싶다면 '스트림'이나 '타임라인' 서식을 이용하면 됩니다. 저는 시간 안에 빠르게 그리는 콘셉트를 지키고자 '타임라인' 서식을 이용했습니다.

2. 스마트기기 준비하기

아이들이 핸드폰이나 패드 등의 스마트기기를 가지고 오도록 미리 안내합니다. 사진을 공유하기 위해 인터넷을 사용해야 하므로 각자 핸드폰의 데이터를 이용하거나 학급에 있는 와이파이를 이용하여 인터넷에 접속할 수 있는지도 미리 살펴보아야 합니다. 만약 스마트기기를 사용할 수 있는 환경이 되지 않는다면, 아이들에게 포스트잇을 나눠 줍니다. 그래서 포스트잇에 그리도록 하고 칠판에 붙여서 게시하는 방식으로 수업을 진행하면 됩니다.

💻 ① 온라인 상황에서는

컴퓨터, 패드, 핸드폰 상관없이 모두 이용 가능합니다.

3. 활동 안내하기

그림을 그릴 때 별도의 프로그램을 사용하지 않아도 되는 패들렛의 그림 메뉴를 사용합니다. 처음에는 패들렛에 있는 그림 메뉴에 관한 설명이 필요해요. 선생님께서 직접 패들렛에서 그림을 그리는 과정을 보여 주며 알려 주시면 됩니다.

패들렛에서 그림을 그리는 방법은 다음과 같습니다.

① '+'를 눌러 새 글쓰기 창을 엽니다.
② 글쓰기 창에서 '…'를 누르고 그림 메뉴를 누릅니다.
③ 위에 있는 '화이트' 또는 '블랙'을 눌러 원하는 배경색으로 선택합니다.
④ 주제에 대해 그림을 그립니다. 색깔을 정해서 그림을 그리거나, 지우개를 눌러서 그림을 지웁니다. 가끔 핸드폰이나 패드에서 가로로 했을 때, 그리는 화면이 가려지는 경우가 있는데요. 그럴 때는 세로로 화면을 회전하면 됩니다.

⑤ 다 그리고 나서 저장을 누르고, 제목에 이름을 쓰도록 합니다.

…을 누르면 나오는 추가 메뉴

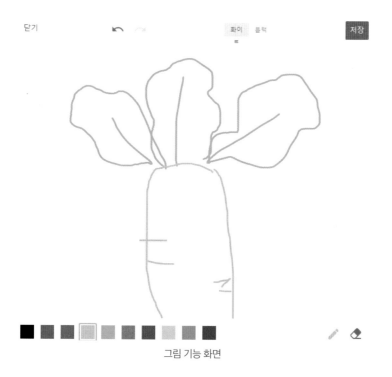

그림 기능 화면

줌을 이용하여 화면 공유를 하고 아이들에게 그림을 그리는 방법을 알려 줍니다. 방법을 미리 알아 오도록 하고 싶다면 미리 선생님께서 사용 방법 영상을 만들어서 학생들에게 제공하시면 됩니다.

4. 스피드 그림 그리기

타이머로 제한 시간을 1분 30초 정도로 설정합니다. 그리고 시간 안에 그림을 그리고 제출하는 것까지 하도록 안내한 뒤 주제를 알려 주고, 그림을 그리도록 합니다. 스피드 그림 그리기 주제는 계절에 따라 또는 선생님께서 강조하고자 하는 수업 내용에 따라 달라질 수 있습니다.

<스피드 그림 그리기 주제 예시>

주제	낱말
학교	나, 선생님, 책상, 칠판, 의자, 학교, 급식, 우정, …
봄	벚꽃, 개나리, 새싹, 황사, 꽃가루, …
여름	장마, 우산, 우비, 뙤약볕, 더위, 수박, 얼음, …
가을	단풍잎, 은행잎, 단풍, 소풍, 가을 하늘, 추수, 추석, …
겨울	눈사람, 붕어빵, 폭설, 고드름, 추위, 패딩, …
크리스마스	산타클로스, 내가 갖고 싶은 선물, 크리스마스트리, …
감정	기쁘다, 슬프다, 불안하다, 당황하다, 지루하다, 설레다, …
과일 / 채소	딸기, 수박, 사과, 배, 멜론, 무, 당근, 양파, 마늘, …
음식	김밥, 치킨, 햄버거, 김치, 피자, 볶음밥, 초밥, …
기타	핸드폰, 컴퓨터, 사랑, 똥, 교과(국어, 체육, 수학 등.), …

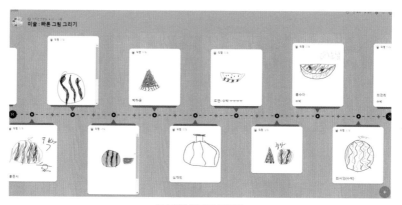

'수박'을 주제로 그리기

5. 감상하기

한 주제에 대해서 스피드 그림 그리기가 끝나고 나면 아이들과 함께 살펴봅니다. 똑같은 주제에서 비슷하게 그린 친구들을 찾아보고, 유형을 나눠 보는 것도 좋습니다. 잘 그린 친구의 작품을 보면 감탄하게 되고, 시간에 쫓겨 완성하지 못한 작품을 보는 것도 아쉬워하면서도 즐거워합니다. 특히나 선생님을 주제로 했을 때 특징을 잘 살리면서도 정말 웃기게 그리는 아이들이 있는데, 그런 그림들을 아이들과 함께 보면서 깔깔대며 재밌게 미술 시간을 보낼 수 있습니다.

'선생님'을 주제로 그리기

일단 스마트기기를 사용하는 것 자체로 아이들이 좋아합니다. 그리고 스마트기기를 사용하기 때문에 그림을 잘 그리던 아이들도 원래 그림 실력만큼 뽐낼 수 없다는 단점이 있지만, 그것이 오히려 잘 그리지 못하는 아이들에게는 자신의 실력을 가릴 수 있는 장점이 됩니다. "시간 안에 못 그리면 어떻게 해요?"라며 걱정이 많던 아이들도 계속하다 보니 단순하게 그리는 방법을 알아냈습니다. 간단하게 그렸는데도 특징을 잘 살렸다며 칭찬도 해 주니 더욱 자신감을 가지고 참여했습니다. 어떤 아이들은 짧은 시간 안에 매우 자세하게 그리기도 하는데, 칭찬을 해 주되 다른 아이들과 실력을 비교하지 않도록 주의해야 합니다.

우리 반 친구를 주제로 하게 된다면, 상대를 놀리는 모습으로 그리면 안 된다고 미리 지도해 주세요. 그뿐만 아니라 친구가 자신을 잘 그리지 못했다고 해서 불쾌해하지 않도록 지도해 주시는 것이 좋습니다.

가끔 패들렛에서 그리기가 안된다고 하는 아이들이 있는데 그럴 때는 직접 종이에 그림을 그린 뒤에 사진을 찍어서 올려 달라고 해도 됩니다. 만약 스마트기기를 사용한 환경이 되지 않는다면, 교실에서 도화지나 A4용지를 주고 칸을 나누어 주제별로 스피드 그림 그리기를 할 수도 있습니다.

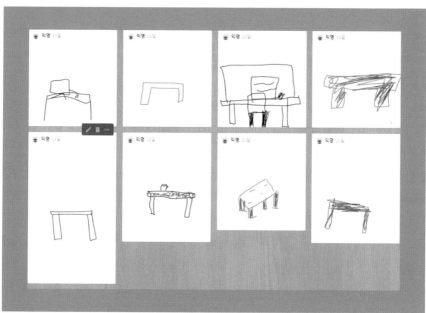

'핸드폰'과 '책상'을 주제로 그리기

11~2월 | 행사

'나'에 대한 이해부터 시작하는 진로 교육

#진로 #주니어커리어넷 #진로흥미탐색 #꿈
● ● ● ● ●

초등학생 시기는 성인이 되기 전까지 계속해서 이루어질 진로 탐색과 선택을 위해 기초를 다지는 중요한 시기입니다. 내 진로가 무엇인지, 어떻게 내 진로를 준비해야 하는지 고민하는 학생과 학생의 진로 탐색을 돕고 싶은 선생님께 도움을 줄 수 있는 '주니어 커리어넷'을 활용하여 의미 있는 진로 탐색 활동을 계획해 봤는데요.

초등학생 진로 교육을 하다 보면 아직 꿈을 정하지 못한 아이들도 있고, 내가 무엇을 잘하고 무엇을 좋아하는지 구체적으로 모르겠다고 하는 아이들도 있습니다. 또 꿈을 정하기는 했는데 어떻게 준비해야 할지 궁금하다고 하는 아이들도 있지요. 이렇게 진로를 고민하는 학생들에게 구체적인 도움을 줄 수 있는 사이트가 바로 '주니어 커리어넷'이랍니다.

'주니어 커리어넷'은 저학년 및 고학년의 진로흥미탐색 검사, 다양한 직업 정보, 진로 카드를 이용한 진로 정하기 등 학생의 진로 탐색에 도움이 되는 유용한 누리집이에요. 이를 활용하여 양질의 진로 교육 활동을 할 수 있습니다.

'나'에 대한 이해부터 시작하는 진로 교육

나의 진로를 탐색하기 위해서는 나에 대한 이해부터 시작하는 것이 중요한데요. 이럴 때 주니어 커리어넷의 '나를 알아보아요' 메뉴의 진로흥미탐색 검사를 활용하는 것이 매우 유용합니다. 진로흥미탐색 검사는 저학년용과 고학년용으로 나누어져 있어 학생 수준에 맞게 활용 가능해 더욱 효과적이었습니다. 진로흥미탐색 검사를 통해 나의 강점과 나의 흥미 유형을 파악할 수 있고 추천 직업도 다양하게 안내되어 진로 탐색에 도움이 됩니다. 또한 나의 흥미 유형과 관련하여 학습 방법도 함께 안내해 주어 학생들의 학습 습관에도 도움을 줍니다.

나에 대한 이해부터 시작하는 진로 교육을 위해 다음과 같은 순서로 활동합니다.

① 주니어 커리어넷에 접속하여 진로흥미탐색 검사에 참여합니다.
② 나의 강점과 흥미 유형을 파악하고 내가 하고 싶은 직업을 정합니다.
③ 내가 미래에 꿈을 이룬 모습을 그림으로 표현합니다.
④ 친구의 꿈을 응원하고 격려하는 메시지를 포스트잇으로 붙입니다.

활동 시나리오

1. 주니어 커리어넷에 접속하여 진로흥미탐색 검사하기

주니어 커리어넷에는 초등학생의 진로 탐색에 도움이 되는 다양한 정보들이 담겨 있습니다. 그중에서도 제일 먼저 '나를 알아보아요' 메뉴의 '진로흥미탐색'을 해 보는 것이 학생의 흥미 유형을 파악하고 진로를 탐색하는 데에 매우 도움이 됐어요.

'진로흥미탐색'의 경우 3, 4학년을 위한 저학년 진로흥미탐색과 5, 6학년을 위한 고학년 진로흥미탐색으로 구분되어 있는데요. 해당 학년에 맞는 검사를 선택하여 참여하면 됩니다. 고학년 진로흥미탐색 검사는 총 48개의 문항으로 구성되어 있어요. 저학년 진로흥미탐색 프로그램은 직업의 중요성을 알아 보고, 자기이해 검사를 한 후 나의 다짐을 기록하는 것으로 구성되어 있답니다.

2. 나의 강점과 흥미 유형을 파악하고 내가 하고 싶은 직업 정하기

고학년 진로흥미탐색 검사를 마치면 나의 강점과 흥미 유형에 관해 상세히 분석한 결과를 받을 수 있습니다. 또한, 나의 흥미 유형과 관련 있는 다양한 직업을 알 수 있어요. 직업명을 클릭하면 그 직업을 학생들의 눈높이에 맞게 상세히 설명한 내용이 나옵니다. 관련 영상도 있어 학생들의 직업에 대한 이해를 쉽게 할 수 있도록 도와줍니다.

마지막으로 내가 가장 하고 싶은 직업을 한 가지 선택합니다. 어떤 일을 하는지, 어떻게 하면 될 수 있는지, 어떤 적성과 흥미가 필요한지 등을 살펴봅니다.

3. 내가 미래에 꿈을 이룬 모습을 그림으로 표현하기

앞서 내가 가장 하고 싶은 직업을 선택한 것을 바탕으로 미래에 꿈을 이룬 모습을 그림으로 표현합니다. 이때, 나의 흥미 유형과 나의 강점을 함께 그림에 기록하는 것도 좋아요.

그림으로 표현하기 어려워하는 학생에게는 주니어 커리어넷 직업 정보에 있는 그림을 참고 자료로 주어도 좋습니다. 학생들이 그림으로 표현하고 흥미 유형과 강점을 함께 기록하는 활동을 통해 좀 더 구체적으로 꿈을 이루기 위해 떠올려보고 탐색하는 것을 볼 수 있었어요.

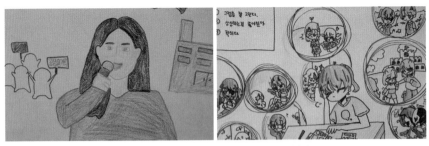

나의 강점을 쓰고 미래에 꿈을 이룬 모습 표현하기

온라인 상황에서는

　온라인 상황에서 학급 소통 플랫폼에 게시글로 내가 이루고 싶은 꿈에 관해 설명하고 그 이유도 함께 적습니다. 게시글로 올리는 활동을 통해 내가 이루고 싶은 꿈에 관해 구체적으로 생각하게 되고 왜 이루고 싶은지, 나의 흥미 및 적성과는 어떠한 연관성이 있는지 살펴볼 수 있습니다.

4. 친구의 꿈을 응원하고 격려하는 메시지를 포스트잇으로 붙이기

　미래에 꿈을 이룬 모습을 표현한 그림을 학급 게시판에 게시하면 그 밑에 포스트잇으로 친구의 꿈을 응원하고 격려하는 메시지를 담아 붙이도록 합니다. 서로의 꿈이 무엇인지 눈으로 보고 응원하고 격려하는 메시지를 주고받음으로써 더욱 힘과 용기를 얻을 수 있거든요. 그리고 나의 꿈을 위해 노력하고 실천할 수 있는 에너지도 얻게 됩니다.

온라인 상황에서는

학급 소통 플랫폼에 친구가 올린 게시글에 댓글로 응원과 격려의 메시지를 쓰도록 합니다. 친구를 격려하고 친구들에게 격려와 응원을 받으면서 더욱 꿈을 이루기 위해 노력하게 됩니다.

■■초등학교 6학년 1 신■진 (신■진 학생)
5월 12일 수요일

내가 관심있는 직업

디자이너(자동차, 인테리어)

이유: 그림그리는 것을 좋아하고 잘하기 때문에 내가 좋아하는일을 하며 즐겁게 돈을 벌고 싶기 때문이다.

👍 좋아요 6   💬 댓글 3   ☆ 스크랩

> 임■율 (임■율 학생)　　　　　신고
> 나중에 디자이너 되면 니한테 인테리어 받고 싶다 그 꿈 이루길 빌게^^
> 5월 13일 7시 13분

> 길준선 선생님　　　　　　　삭제
> 우진이가 그림 그리는 것을 좋아하고 잘 하는데, 자동차 디자이너나 인테리어 디자이너를 하면 정말 즐겁게 일할 수 있겠다. 우진이의 꿈을 응원해!^^
> 5월 12일 22시 25분

> 이■견 (이■견 학생)　　　　　신고
> 디자이너?그 일도 즐거울거 같다!나는 우진이 너가 디자이너라는 멋진 꿈!꼭 이뤘으면 좋겠어~우진아 화이팅!!
> 5월 12일 22시 23분

■■초등학교 6학년 1 김■은 (김■은 학생)
5월 12일 수요일

나의꿈~

직업: 가상현실 전문가
이유: 미래에는 가상현실 관련된 직업이 늘어날것이고, 평소에도 AR이나 VR같은 가상현실에 관심이 많기 때문이다^^

👍 좋아요 5   💬 댓글 6   ☆ 스크랩

> 김■은 (김■은 학생)　　　　신고
> 모두들 감사합니당~
> 5월 12일 13시 34분

> 신■서 (신■서 학생)　　　　신고
> 가상현실 전문가 정말 좋은 꿈 인것 같아 응원할깨
> 5월 12일 13시 28분

> 이■■ (이■■ 학생)　　　　신고
> 꼭 이루길 바랄게!
>
> 5월 12일 12시 25분

학생들이 진로흥미탐색 검사에 직접 참여하여 나의 강점과 흥미 유형을 파악하게 되니, 자신감을 얻고 진로에 대해 진지하게 탐색하고 알아 가는 모습이 매우 인상적이었습니다.

또한, 미래에 꿈을 이룬 모습을 그림으로 구체적으로 표현하다 보니 자연스럽게 직업에 대해 더 조사하게 되고, 어떤 일을 하는지 등의 구체적인 정보를 얻을 수 있었습니다. 무엇보다 주니어 커리어넷에 직업과 관련한 자료들이 매우 자세하게 안내되어 있어 학생 스스로 탐색하는 데에 큰 도움이 됐고요. 한 학생은 하고 싶은 일이 없었는데 이 활동을 통해 자신의 흥미와 맞는 다양한 직업들을 추천받아 보니 끌리는 직업을 찾을 수 있었다고 하여 무척이나 의미 있었습니다.

무엇보다 서로의 꿈을 응원하고 격려하는 댓글을 통해 더욱 용기를 얻고 에너지를 얻는 모습을 볼 수 있었어요. 내 꿈을 응원해주고 지지해주는 친구들의 메시지를 통해 더욱 성장하는 학생들의 모습을 함께 할 수 있어 꼭 해 보시길 추천합니다.

보행자의 날! 안전하게 걸어요

#안전교육 #보행안전 #걷기의중요성
● ● ● ● ● ●

　11월 11일은 '보행자의 날'입니다. 보통 길쭉한 과자를 떠올리거나 농업인의 날과 관련하여 가래떡을 떠올리는 분이 많지만, 사실 11월 11일은 보행 교통 개선의 중요성에 대한 범국민적 의식을 고취하기 위해 지정된 국가기념일인 '보행자의 날'이기도 합니다.

　보행자의 날이 11월 11일로 지정된 이유는 숫자 11이 사람의 두 다리와 비슷한 모양이기 때문인데요. 매년 보행자의 날에는 녹색교통의 기초가 되는 보행의 중요성에 대한 국민 의식을 고취하고 걷기를 활성화하기 위해 기념식, 걷기 행사, 거리 캠페인, 보행 문화 유공자 표창 등 다양한 보행자의 날 행사가 개최된답니다.

　제정된 지 10년이 넘었지만, 11월 11일이 보행자의 날이라는 것을 아는 학생은 많지 않아요. 그래서 보행자의 날을 맞이하여 보행자의 날이 왜 만들어졌는지, 보행의 중요성은 무엇이고 우리 삶에서 안전한 보행을 어떻게 실천할 수 있는지에 대해 학생들과 이야기 나누고, 포스터를 통해 홍보하는 활동을 계획해 봤습니다.

보행자의 날, 안전하게 걸어요

　학급에서 학생들의 안전을 위해 강조하는 것 중의 하나가 바로 '보행(걷기)'와 관련된 것입니다. 교사는 생활지도를 위해 실내에서는 뛰어서는 안 되고, 안전을 위해 반드시 걸어야 한다고 강조하지요. 많은 안전사고가 걷지 않아서 일어나는 경우가 많기 때문입니다.

　그래서 안전한 보행의 중요성에 관해 우리의 삶과 연결 지어 이야기 나누고, 보행자의 날에 대해 안내합니다. 그리고 안전하게 보행하려면 어떻게 할 수 있는지 구체적인 실천 방법에 관해 이야기 나눈 후, 우리 반의 안전 보행 약속을 만듭니다. 마지막으로 보행자의 날과 안전수칙을 홍보할 수 있는 포스터를 만듭니다.

보행자의 날을 맞이하여 안전하게 걷는 것의 중요성을 알고, 삶 속에서 실천하기 위해 다음 순서로 활동을 진행합니다.

① 안전한 보행이 왜 중요한지 우리 삶과 연결 지어 이야기 나눕니다.
② 보행자의 날에 대해 알아봅니다.
③ 안전 보행을 위한 구체적인 실천 방법을 브레인스토밍을 통해 이야기합니다.
④ 우리 반의 안전 보행 약속을 만듭니다.
⑤ 보행자의 날과 안전 수칙을 홍보하는 포스터를 만듭니다.

1. 안전 보행의 중요성에 관해 이야기 나누기

안전하게 걷지 않아서 다치거나 문제가 발생했던 경험에 대해 이야기를 나눠 봅니다. 또 횡단보도를 건너는 등의 교통안전과도 연관 지어 이야기 나눕니다. 학생들은 그동안 생활해 오면서 학교에서든, 가정에서든 다양한 안전사고를 겪어 보았을 거예요. 그 중 안전하게 걷지 않아서, 또는 안전 수칙을 지키지 않아서 겪었던 경험에 대해 이야기를 나눠 봅니다.

이 과정에서 자연스럽게 안전한 보행이 왜 중요한지 그 이유를 깨닫게 되는데요. 교사가 먼저 제시하는 것이 아니라, 학생들의 삶 속에서 스스로 찾게 하는 것이 학생들의 적극적인 참여를 이끌고 중요성을 깨닫도록 도와줄 수 있습니다.

2. 보행자의 날에 대해 알아보기

앞 활동에서 살펴본 것처럼 보행은 우리의 안전한 삶을 위해 매우 중요하므로 국가에서 '보행자의 날'을 기념일로 정했다고 안내합니다. 보행 교통 개선의 중요성에 대한 범국민적 의식을 고취하기 위해 사람의 두 다리를 연상시키는 11월 11일을 보행자의 날로 정했으며, 해마다 다양한 행사를 하고 있어 우리도 보행자의 날을 맞이하여 의미 있는 활동을 하게 될 것이라고 안내합니다.

3. 안전 보행을 위한 구체적인 실천 방법에 대해 생각 나누기

안전 보행을 위해 우리 삶에서 실천할 수 있는 방법에 대해 곰곰이 고민한 후 떠오르는 방법을 포스트잇에 적습니다. 원 모양으로 앉아서 포스트잇을 보고 자신의 생각을 발표합니다.

온라인 상황에서는

구글 잼보드를 활용하여 활동하기를 추천해요. 나의 생각과 친구들의 생각을 한눈에 확인할 수 있어 매우 편리합니다.

4. 우리 반의 안전 보행 약속 만들기

안전 보행을 하기 위한 실천 방법을 적을 포스트잇을 칠판에 붙입니다. 이때, 내 생각과 비슷한 것이 있다면 그 밑에 줄줄이 이어 붙이도록 합니다. 이는 유목화의 과정으로, 학생들에게 비슷한 것끼리 묶을 수 있도록 안내하면 더욱 쉽게 다양한 아이디어들을 정리할 수 있답니다.

유목화 후 우리 반의 안전 보행 약속을 한 장의 표로 만들 수 있습니다. 이때, 전지 사이즈로 출력한 뒤, '우리의 안전을 위해 만든 약속'을 책임감을 가지고 실천하겠다는 마음을 담아 모든 학생이 서명하고 게시합니다.

온라인 상황에서는

구글 잼보드에서 비슷한 생각들끼리 묶어서 유목화를 합니다. 우리 반의 안전 보행 약속을 리스트로 정리하기 매우 편리해요. 정리된 내용은 미리 캔버스나 파워포인트를 활용해서 우리 반의 안전 보행 약속 표로 만듭니다.

5. 보행자의 날과 안전 수칙을 홍보하는 포스터 만들기

보행자의 날과 안전 수칙을 홍보하는 포스터를 만듭니다. 보행자의 날이 많이 알려져 있지 않으므로 보행자의 날의 의미와 중요성을 알리고 안전 수칙을 담아 포스터를 만드는 거예요. 그리고 완성된 포스터는 학교 게시판이나 각 층의 홍보 공간에 게시하여 많은 학생들이 보행자의 날에 대해 알고 보행 안전 수칙을 숙지할 수 있도록 돕습니다.

11월 11일은 무슨 날일까요?

보행자의 날 안전수칙을 담아 포스터를 만들어요!

　　보행자의 날은 보행 교통 개선의 중요성에 대한 범국민적 의식을 고취하고 산업화에 따른 미세먼지 증가, 제한적인 에너지의 위기 도래, 환경 보호 요구에 대응하며 국민 건강을 증진시킬 수 있는 걷기의 중요성을 확산하기 위해 제정된 국가 기념일입니다.

　　보행자의 날이 11월 11일로 지정된 이유는 숫자 11이 사람의 두 다리를 연상케 하기 때문이며, 2010년에 제1회 보행자의 날 기념행사가 개최되었습니다. 이후 매년 보행자의 날에는 녹색교통의 기초가 되는 보행의 중요성에 대한 국민의식을 고취하고 걷기 활성화를 위해 기념식, 걷기 행사, 거리 캠페인, 보행문화 유공자 표창 등 다양한 보행자의 날 행사가 개최됩니다.

지켜주세요! 보행자 안전수칙

- 횡단보도 앞에서 멈추어 좌우를 살피기
- 횡단보도가 아닌 곳을 무단으로 횡단하지 말기
- 어린이와 노약자는 보호자와 함께 횡단보도 건너기
- 인도와 차도의 구분이 안 된 도로의 경우 길 가장자리로 통행하기

온라인 상황에서는

　　학교 홈페이지에 포스터를 올려 홍보할 수 있습니다. 각 학교 홈페이지에는 자유 게시판이 있는데 자유 게시판을 활용하거나 담당자의 승인을 받아 팝업으로 홍보할 수도 있습니다.

　그동안 학생들에게 11월 11일은 **빼빼로**나 가래떡이 떠오르는 날이었는데, 숫자 11이 다리 모양과 닮아 보행자의 날로 지정됐다는 것을 알려 주자 굉장히 흥미로워하더군요. 보행자의 날의 의미와 중요성에 대해 알고, 11월 11일이 우리의 안전을 위해 만들어진 보행자의 날이라는 것을 매우 의미 있게 받아들였습니다.

　무엇보다 학생들의 삶 속에서 안전한 보행이 중요한 이유를 찾아보고, 함께 안전 보행 약속을 정함으로써 생활 속에서 적극적으로 실천하도록 도울 수 있었어요. 교사가 보행의 중요성을 강조하는 것보다, 학생들이 스스로 삶 속에서 문제점을 찾고 이를 해결하기 위해 구체적인 해결 방법을 함께 찾는 것이 더욱 교육적인 효과가 있었습니다.

　또한, 포스터를 통해 보행자의 날과 안전 수칙을 홍보하는 것도 매우 의미 있는 활동이었어요. 우리 반의 안전 보행 수칙을 정하는 것에서 그치지 않고, 포스터를 통해 다른 학급이나 다른 학년의 학생들에게 알려 주는 기회를 주니 뿌듯함을 느끼고 더욱 적극적으로 안전 보행을 하기 위한 노력을 보였습니다.

우리들의 특별한 크리스마스

#크리스마스 #성탄절 #캐롤추천 #크리스마스카드
● ● ● ● ● ●

　12월에 유일한 공휴일인 크리스마스! 종교 여부를 떠나 왠지 설레고, 쉬는 날이라 기분도 좋아지는 날이죠? 크리스마스가 다가오면 아이들도 괜히 학교 수업에 집중하지 못하는 모습이 보입니다. 크리스마스이브엔 잠시 수업을 내려놓고 아이들과 특별한 크리스마스를 위한 시간을 보내는 건 어떨까요? 온·오프라인 언제라도 크리스마스를 앞두고 특별한 추억을 만들 수 있는 활동을 소개하려 합니다.

크리스마스 카드를 만들어요

일반적으로 크리스마스에는 카드를 쓰는 활동을 하죠. 보통 친한 친구에게, 또는 가족에게 쓰도록 합니다. 하지만 학급 세우기의 일환으로 학급 친구들끼리 서로 주고받을 수 있게 하는 것도 좋지 않을까요? 온라인 수업이 진행될 때에도 패들렛을 활용한다면 예쁘고 감동적인 카드를 만들어 볼 수 있답니다.

활동 설명

아이들이 가지고 있는 크리스마스에 대한 추억을 이야기하며 나누는 시간을 갖습니다. 서로의 이야기를 들어주고 공감하는 시간을 가진 후, 각자 누구에게 카드를 써서 줄 것인지 뽑기 방식으로 결정합니다. 아이들은 자신이 뽑은 친구에게 메시지를 적고 카드를 예쁘게 꾸미며 직접 전달하는 시간을 갖습니다.

활동 시나리오

1. 준비하기

① 교사는 크리스마스 카드 용지와 색 도화지를 준비하여 직접 고르도록 합니다. (다양한 그림의 도안, 빨강, 초록, 파랑 3종류의 색 도화지)
② 학생들은 크레파스, 색 사인펜, 가위, 풀 등을 준비합니다.

③ 카드 쓸 대상을 정하기 위해 사용할 빈 박스를 준비합니다.

④ 교사가 빈 박스를 들고 돌아다닐 때, 아이들에게 개인 물품을 1가지씩 몰래 넣도록 합니다.

⑤ 카드를 적을 때 잔잔한 배경 음악으로 활용할 캐럴을 준비합니다.

크리스마스 카드 도안 예시

패들렛 담벼락 서식을 활용하여 학생들이 온라인상에서도 크리스마스 카드를 만들 수 있도록 공간을 마련합니다. 한 해를 마무리하는 시기, 학급 아이들에게 진심 어린 메시지를 남겨 주면 좋을 것 같아요. 추가로 아래 그림을 참조해 아이들이 해야 할 활동에 대해 안내 문구도 넣어 주세요.

2. 카드 보낼 대상 정하기

추억의 선물 교환 방식을 떠올리며 착안한 방법입니다. 아이들이 사전에 제출한 개인 물품을 모아 놓은 상자에서 모든 물품을 교실 앞으로 진열해 놓습니다. 이때 아이들이 누구의 물건인지 서로 모르도록, 함부로 말하거나 티 내는 일이 없도록 해야 해요. 이후 크리스마스의 추억을 발표할 사람은 나와서 마음에 드는 물건을 고릅니다. 어떤 물건을 골랐는지 모두 알아볼 수 있도록 보여 줍니다. 이제 그 물건의 주인은 자신의 물건을 고른 친구에게 카드를 적어 주면 됩니다. 그리고 만든 카드를 직접 건네면서 자신의 물건을 돌려받으면 됩니다.

3. 크리스마스의 추억 나누기

카드를 보낼 친구를 정하고 나면, 크리스마스와 관련된 추억을 나눕니다. 크리스마스에 대한 즐거웠던 추억, 외로웠던 추억 등 어떤 이야기라도 좋습니다. 학급에서 추억이 될 만한 물건을 '토킹 스틱'으로 정해서 앉아 있는 대로 돌아가며 발표합니다. 반드시 토킹 스틱을 잡고 있는 사람만 말할 수 있다고 말해 줍니다. 이때 발표하는 친구에게 카드를 적어야 할 아이는 친구의 말에 집중하고, 어떤 메시지를 적을지 생각해 보는 시간이 될 거예요. 이렇게 열린 마음으로 경청해 주고, 공감해 줄 수 있는 분위기를 조성한다면 모든 아이가 사소한 것이라도 자신의 경험에 대해 발표할 수 있을 겁니다.

4. 카드 쓰기

선생님이 준비한 다양한 카드 도안 중 한 장을 골라 자신의 물건을 뽑은 친구에게 전하고 싶은 메시지를 적습니다. 자신의 물건을 뽑은 친구가 크리스마스의 추억으로 어떤 이야기를 했는지 떠올리며, 그 이야기에 공감해 주는 메시지를 적을 수 있도록 조언해 주시면 좋아요. 또는 그 친구에게 고마운 점, 미안한 점 등 마음을 담아 편지를 쓸 수 있도록 안내해 주세요.

🖥 온라인 상황에서는

온라인에서는 여러 명에게 공유할 수 있다는 장점을 살려, 친구 1명에게 써 주기보다 학급 친구들 전체를 대상으로 하고 싶은 말을 기본으로 적게 하는 것을 추천합니다. 추가로 전할 말이 있는 친구가 있다면 이름을 넣어 쓰도록 하면 좋아요. '구글 검색' 기능을 활용해서 자신이 좋아하는 캐럴 또는 친구들에게 들려 주고 싶은 캐럴을 찾아 동영상을 첨부하도록 합니다. 선생님도 아이들도 서로 첨부한 캐럴을 들으며 크리스마스 분위기를 낼 수 있답니다.

5. 카드 꾸미기 및 전달하기

메시지 종이를 오려서 색지 또는 색 도화지에 붙이고 크레파스나 색연필, 사인펜으로 예쁘게 꾸며서 카드 제작을 마무리합니다. 모든 아이가 완성되는 대로 카드를 반으로 접어 자신의 물건을 가진 친구에게 전달합니다. 이 과정에서 아이들은 물건 주인에 대한 예상 여부도 확인하며 웃을 수 있고, 자신을 위해 카드를 만들어 준 친구의 메시지를 읽어 보면서 미소 지을 수 있는 시간이 됩니다.

패들렛에 아이들이 올린 메시지 중 재미있거나 특별한 내용을 골라, 화면 공유 방법으로 전체 아이들 앞에서 발표하도록 합니다. 발표하는 학생이 선정한 캐럴 음악도 함께 틀어 주며 공유하면 더욱 크리스마스 분위기를 내면서 활동을 진행할 수 있겠죠?

실제 활동 후기 I 팁

카드 도안을 만들어서 제공해도 좋지만, 그냥 백지나 색지를 주고 자유롭게 제작하게 두는 것도 좋습니다. 카드를 쓰는 대상을 정할 때, 학생들이 대부분 비슷비슷하게 학용품만 낼 수도 있는데요. 이를 사전에 방지하기 위해 '최대한 다양한 물건이 나와야 뽑을 때 재미있다'라고 미리 언급해 주면 좋습니다. 또한, 이 방식이 시간을 너무 낭비할 수 있다고 여겨진다면 그냥 제비뽑기로 빠르게 선정해도 됩니다.

카드를 적을 때는 반드시 받는 사람과 보내는 사람의 이름을 적을 수 있도록 안내해 주세요. 모든 학생이 카드 공개에 대한 동의한다면, 교실 뒤편 게시판에 초록색 색지로 대형 트리를 만들고, 반 학생들이 적은 카드를 트리 장식처럼 붙여 주시고요. 그럼, 크리스마스 분위기의 교실 꾸미기도 같이 할 수 있답니다.

우리 반만의 개성 있는 졸업 사진 찍기

#졸업사진 #이젠안녕 #드디어졸업 #추억가득 #마지막
● ● ● ● ● ●

　'의정부고등학교 졸업 사진' 하면 설명하지 않더라도 떠오르는 생각이나 사진들이 있으시죠? 의정부고등학교의 졸업 사진 촬영 날이 되면 어김없이 언론에서 해당 주제와 관련된 인터뷰 및 기사를 내보내곤 하는데요. 다소 자유로운 주제 선택 및 방법으로 촬영이 이루어지다 보니, 학교 밖에서는 찬성과 반대의 다양한 시선이 존재하기도 합니다. 다만, 학생들의 입장에서 '졸업 사진 촬영'이란 인생을 통틀어 가장 기억에 남는, 어른이 되어서도 웃음 지으며 이야기 보따리를 풀어낼 수 있는 중요한 사건임에 틀림없지 않을까요?

초등학교 졸업 사진 촬영의 경우는 아직 나이가 어린 학생들의 촬영에 해당하기에 의정부고등학교 학생들처럼 스스로 자유롭게 주제를 정하고 사진 촬영을 준비하기까지 학교와 학부모님의 허락 및 어느 정도의 지켜야 할 부분이 분명히 존재합니다. 그렇기에 의정부고등학교의 사진 촬영만큼 파격적인 촬영이 이루어지기는 사실상 힘들 거예요. 그래도 학생들이 카메라 앞에서 어색한 웃음을 지으며 졸업 사진을 촬영하기보다는, 개성을 뽐내며 스스로 졸업 사진의 콘셉트를 정하고 그에 맞는 의상과 포즈, 표정을 준비하는 것만으로도 충분히 즐겁고 기억에 오래 남을 이벤트가 되리라 생각합니다.

자, 방법은 간단합니다. '6학년=말이 제법 통하는'을 기억하며 학생들을 믿고 맡겨 보아요.

우리 반만의 개성 있는 졸업 사진 찍기

6학년은 초등학교의 최고참 언니 오빠답게 그래도 어느 정도 담임 선생님과 말이 통하는 학년이라 할 수 있죠? 학급 회의 방법과 순서를 알려 주면 제법 어른스럽게 회의에 참여하고 의견을 제시하기도 합니다. 물론 언제나 그렇듯 학급 분위기, 학생들의 성별 분포, 분위기, 학군 등에 따라 선생님들께서 사소하게 신경 쓰실 부분은 다르리라 생각합니다. 다만, 1년 동안 부단히 학생들이 자유롭게 생각하고 바르게 표현하도록 가르쳐 주셨던 선생님들의 노력을 믿고 우리 반 학생들에게 졸업 사진 콘셉트 정하기, 의상 정하기, 촬영 포즈 정하기 등을 맡긴다면 그것만으로도 이미 절반은 넘게 성공한 것이라 말씀드리고 싶어요.

졸업 사진은 학생이 주인공이 되는 사진입니다. 동 학년 및 졸업 사진 촬영 업체와의 회의에서 결정된 촬영 모둠의 수, 촬영 방법 등을 미리 숙지하시고, 우리 반만의 특색 있는 졸업 사진 촬영을 계획해 보아요!

① 모둠을 구성합니다.

학급 상황에 따라 자율, 혹은 타율(랜덤, 교사 구성)로 구성합니다.

② 모둠별로 콘셉트 회의를 진행합니다.

창체 시간 등을 활용하시면 좋습니다. 값비싼 장신구나 노출이 심한 의상, 화장은 하지 않도록 해요. 모두가 부담 없이 준비할 수 있게 해 주시고, 촬영 소품이 없는 경우에는 서로 빌려 사용하도록 준비하는 등 분명히 지켜야 할 수칙만 제시해 주세요.

③ 모둠별로 콘셉트 회의를 컨펌받습니다.

선생님은 회의 시간에 교실을 순회하며 회의 결과지를 살펴봅니다. 회의가 마무리된 조는 우리 모둠의 촬영 콘셉트와 준비물 등을 설명합니다. 학생들의 의견에 귀 기울여 주시고, 실제 촬영을 상상했을 때 학생들이 보충해야 할 내용이나 학생 역할 배분, 신경 써야 할 부분들을 간단히 점검해 주세요. 모둠별 발표를 통해 스스로 피드백하도록 하는 것도 참 좋은 방법이 되겠죠. (이때, 우려되는 부분은 있는 그대로 학생들에게 설명하시고, 학생들이 스스로 수정할 수 있도록 해 주세요. '학생들이 스스로 준비하는' 졸업 사진임을 잊지 말아 주세요.)

④ 촬영을 진행합 니다.

촬영 전날, 학생들에게 준비물을 잊지 않게 해 주시고, 계획을 다시 한번 확인 및 상기시켜 주세요. 학부모님들께도 문자 등을 이용해 준비물을 공지하시면 좋습니다.

········ 활동 시나리오 ········

1. 졸업 사진 촬영의 의미 설명하기

인터넷에서 다양한 졸업 사진을 검색하여 학생들에게 보여 줍니다. 단, 자극적이거나 시선을 끄는 졸업 사진을 단순히 '보여 주는' 방식이 아닌, 졸업 사진의 의미에 대해 설명해 주세요. 평생 남는 사진임을 상기시켜 과도한 촬영 준비 및 촬영 결과물로 논란이 되지 않도록 안내도 필요하겠죠? 아이들이 여러 가지 졸업 사진을 살펴보다 보면, 나의 졸업 사진을 어떤 모습으로 남기고 싶은지, 어떤 것이 옳고 어떤 것이 옳지 않은지도 분별할 수 있을 거예요.

2. 사진 촬영 모둠 구성하기

각 학급에서 친한 친구들끼리 모둠을 구성하게 되면, 언제나 그렇듯 소외되는 친구들이 있기 마련입니다. 기억에 남는 사진을 찍어 보려다가 오히려 소외되는 학생들이 또 다른 상처를 받지 않도록 모둠 구성부터 세심히 신경 써 주세요.

① 모둠 자율 구성

칠판에 아래와 같은 우리 반 명렬표를 붙여 놓고, 모둠을 자율 구성하도록 합니다. 짝 사진의 경우 남녀 혼합으로 찍을지, 남녀 따로 찍을지에 대해서도 안내가 필요하겠죠. 친구들과 미리 이야기하여 짝을 표시하도록 합니다. 단, 1명의 친구가 혼자 남게 되는 경우 교사가 만들어 놓은 명단대로 사진을 찍게 됨을 꼭 안내합니다.

<짝 사진 이름 쓰기 예시>

1	김*우		41	강*빈	
2	김*윤		42	김*림	
3	김*완		43	김*빈	
4	김*산		44	박*현	
5	김*수		45	안*윤	
…	…		…	…	

※ 남, 여 2~3명씩 구성하되, 1명이 혼자 남는 경우가 생기면 출석 번호대로 구성하여 사진을 찍습니다.

② 모둠 타율 구성 : 담임 선생님의 랜덤 구성

우리 반 명렬표에 촬영 모둠 수만큼 차례대로 숫자를 씁니다. 5 모둠 구성의 경우 1번부터 차례대로 1, 2, 3, 4, 5 - 1, 2, 3, 4, 5번을 써서 같은 숫자가 써진 친구끼리 모둠 구성을 안내합니다. 아래 여러 색깔은 다양한 조합으로 모둠을 구성해 본 예시입니다.

번호	이름							번호	이름						
1	김*우	1	3	1	2	5	3	41	강*빈	5	1	4	4	1	2
2	김*윤	2	4	2	1	4	4	42	김*림	1	2	5	3	5	3
3	김*완	3	5	3	5	3	5	43	김*빈	2	3	1	2	4	4
4	김*산	4	1	4	4	2	1	44	박*현	3	4	2	1	3	5
…	…							…	…						

3. 모둠별 촬영 계획하기

　창체 시간 등을 활용하여 모둠별 졸업 사진 촬영에 대해 논의하고, 계획하는 시간을 갖습니다. 아래 계획표에 명시된 것처럼 과도한 노출, 화장이 포함되지 않도록 모두가 준비할 수 있는 의상이나 소품으로 준비합니다. 모둠이 함께 만들어 나가는 촬영이 되도록 학생들에게 안내합니다.

졸업 사진 촬영 계획서

6학년 (　　)반 (　　　　　)모둠 모둠원 (　　　　　　　　　　)

＊ 우리 모둠의 컨셉 : --

∨ 과도한 노출, 화장은 포함되지 않도록
∨ 모두가 준비할 수 있는 의상과 소품 준비하기
∨ 우리 모둠이 함께하는 사진 촬영이 되도록 회의 및 계획하기

장면 1	촬영 장면 설명 (필요한 소품, 포즈 등)

장면 2	촬영 장면 설명 (필요한 설명, 포즈 등)

4. 촬영 결과 컨펌 받기

간단합니다. 선생님께 모둠별로 완료된 회의 결과를 설명합니다. 회의 진행 중 교실을 순회하시며 소수의 의견이 지배되는 회의를 하는 모둠이 있는 경우, 함께하는 회의가 되도록 지도해 주세요. 또한, 학생의 본분에서 너무 벗어나지 않는 촬영이 되도록 점검해 주세요.

5. 촬영 진행하기

촬영 전날 학생들이 잊지 않도록 준비물에 대해 확실히 안내해 주세요. 단체 사진 촬영도 있기에 단체 사진 촬영 의상 및 모둠 촬영 의상 등을 챙겨주십사 부탁하는 내용의 문자를 학부모님들께 졸업 사진 촬영 전날 퇴근하며 문자로 안내하곤 합니다.

　　온라인 수업 상황에서는 단체 사진을 찍을 수 없기에(전체 학생들이 줌 화면에 보이는 사진을 찍을 수 있으나, 역동적인 포즈를 취한다든지 등 실제 졸업 사진 촬영과 비슷한 수준의 사진 촬영은 할 수 없기에) 온라인 졸업식에서 활용할 수 있는 영상 만들기 활동으로 대체하여 진행할 수 있습니다.

　　그 예로, '졸업식 영상 편지'를 만드는 것을 들 수 있는데요. 우선, 학급 온라인 학습방 및 실시간 수업 시간을 활용하여 영상 편지를 만드는 방법과 중요성에 대해 설명한 뒤, 아래의 예처럼 학생들에게 과제를 안내합니다.

[졸업식 준비 영상과제]

❶ 2월 9일은 6학년 학생들의 졸업일 입니다.
❷ 졸업식 동영상 제작을 위해 여러분들이 제출해야 할 오늘의 과제를 꼼꼼히 살펴보고 안내된 방법대로 과제를 완성하기 바랍니다.
❸ 과제를 업로드하지 않은 친구들의 경우 졸업 동영상에서 나 혼자 빠지게 되는 상황이 발생되니, 꼭!! 과제를 완성해서 제출하도록 하세요.

❶ 색깔 A4용지 혹은 하얀색 종이를 준비합니다.

❷ 초등학교 6년의 과정동안 열심히 나를 돌봐주신 부모님께 전하는 감사 인사를 씁니다. (선생님과 똑같이 쓰면X)

❸ 카메라를 설치하고, 내가 쓴 종이가 카메라에 보이도록 들어 소리내서 읽기 + 녹화하기 (영상편지 만들기)

❹ 완성된 영상 구글클래스에 올리기

(우리 반 전체 친구들의 영상을 모아 하나의 긴 영상으로 제작할 예정입니다. 배경음은 따로 넣지 마세요)

　　학생들이 과제를 제출하면, 학생들에게 보충해야 할 부분을 피드백 해 주세요. 영상 편지 수합이 완료되면, 교사가 활용할 수 있는 동영상 편집 프로그램을 활용하여 잔잔한 배경 음악을 넣고, 우리 반의 영상 편지를 완성합니다.

실제 촬영을 진행한 후, 교실에서 교사가 사진기사님과 비슷한 각도에서 촬영했던 사진 결과물을 보여 주면 학생들이 정말 즐거워하며 사진을 감상합니다. 그리고 졸업 앨범이 완성되었을 때 그렇게 고생하며 회의하고 계획했던 시간이 헛되지 않았음을 교사와 학생 모두 느끼죠.

물론, 1학기 전부를 짝/홀수 번으로 나누어 학교에 등교하여, 서로가 충분히 친해지지 못한 상황에서 졸업 사진 촬영을 위해 모두가 모여야 하는 특이한 상황이 발생하기도 해서 다소 마음이 안 좋기도 합니다.

다만, 온라인 영상 편지는 영상 편지대로 학생들의 마음이 들어 있고, 등교하여 촬영한 졸업 사진은 졸업 사진대로 그 즐거움이 사진에 묻어납니다. 내년에는 부디 학생들이 함께 모여 마스크를 벗고 즐겁게 웃으며 졸업 사진을 촬영할 수 있는 날이 오기를 고대해 봅니다.

옆 반 선생님의 온·오프하는

학급살이 엿보기

일 년 열두 달 수업·행사 편

초판 1쇄 발행	2021년 10월 15일
지은이	김선민, 길준선, 김경희, 김민형, 배찬효, 송예림, 안소정, 이지선, 이진희, 황재환

펴낸이	신호정
편집	전유림
마케팅	장은정
편집디자인	이지숙
일러스트	이지선, 송예영

펴낸곳	책장속북스
신고번호	제 2020-000111호
주소	서울시 송파구 양재대로 71길 16-28 원당빌딩 4층
대표번호	02)2088-2887
팩스	02)6008-9050
인스타그램	@chaegjang_books
이메일	chaeg_jang@naver.com

ISBN	979-11-91836-03-5 (03370)